Z 476 1801
A

OPVSCVLE

ou
PETIT TRAITÉ SCEPTIQVE,

Sur cette commune façon de parler.

N'AVOIR PAS
le Sens-commun.

A PARIS,
Chez ANTH. DE SOMMAVILLE, au Palais, dans la petite Sale, à l'Escu de France.

M. DC. XLVI.
Auec Priuilege du Roy.

A MONSIEVR
DE LIONNE,
CONSEILLER
du Roy en ses Conseils & Secretaire des commandemens de la Reine.

ONSIEVR,

Ceux-là ne se trompent pas qui

ã ij

EPISTRE.

considerent ces Anciens Philosophes Grecs & Latins, comme des originaux de Sagesse & de Vertu. La verité eternelle est la source où ils ont puisé tant de beaux preceptes qu'ils nous donnēt; & c'est ce qui fait dire à Clement Alexandrin qu'ayant tous receu quelque participation du Verbe diuin, si l'on prend la peine d'vnir ce qu'ils ont

EPISTRE.

eu de bon de ce cofté-là, rien n'empefche qu'on n'en tire vne tres-folide & tres-vtile doctrine. Ie fçay bien qu'il y a des opinions eftranges & particulieres, qui ne fouffrent pas que la moindre lumiere du Ciel ait éclairé les tenebres du Paganifme. Mais vous n'ignorez pas aufsi, Monfieur, de combien d'inconueniens font fuiuis de tels

EPISTRE.

sentimens nouueaux dans l'Eschole; & c'est ce qui me donne la hardiesse de vous dedier l'Opuscule Sceptique que ie vous presente, remply des doutes ingenieux, & de la docte ignorance, s'il faut ainsi dire, des plus sçauans hommes d'être les Gentils. Car puisque la Philosophie Chrestienne sçait faire son profit de toutes celles qui ont

EPISTRE.

eu cours dans le Monde en les sousmettant à la Foy, pourquoy ferionsnous difficulté de voir ce que portoit vn systeme philosophique, qui a par preciput cela de commun auec l'Euangile, qu'il condamne le sçauoir presomptueux des Dogmatiques, & toutes ces vaines sciences dont l'Apostre nous a fait tant de peur. Les paradoxes que la Sce-

EPISTRE.

ptique examine sans s'estonner d'aucun, sont d'autant plus tolerables, que n'estant pas plus pour l'affirmatiue que pour la negatiue de ce qu'ils contiennent, l'on ne sçauroit dire qu'elle les authorise. Et il en reuient au moins ce bien apparent, qu'elle dispose l'esprit insensiblement à ne plus acquiescer qu'aux maximes du Ciel, & à ne plus faire

EPISTRE.

estat que des veritez reuelées, dont il n'est pas permis de douter sãs impieté. Si vous y prenez garde, Monsieur, & ie ne doute point que vous ne le faciez, il vous sera aisé d'obseruer que les plus grands Docteurs sont encore ordinairemẽt les plus grãds douteurs, & qu'il n'y a point d'hommes qui sçachent les choses auecque moins de solidité;

EPISTRE.

que ceux qui establissent leurs maximes le plus hardiment, qui prononcent des arrests sur chaque difficulté qui se propose, & qui se croyẽt infaillibles en tout ce qu'ils determinẽt. Mais il est temps que ie m'excuse de l'interruption que ie puis donner aux importantes occupatiõs de vostre Esprit en l'obligeant à la lecture de ce petit ouurage. Ce n'est

EPISTRE.

pas seulement le favorable iugement dont vous avez voulu honorer iusques icy ce peu qui est venu de moy, qui m'y oblige. I'ay creu que le divertissement estant necessaire à toute sorte d'actions, puisque l'ame se fortifie dans son operation par ce qu'elle prend de relasche, vous n'auriez pas desagreable de ietter les yeux sur des rêveries qui peu-

EPISTRE.

uent plaire & profiter tout ensemble. Ie parle ainsi des pēsées de beaucoup de grands hommes, à cause de l'application que ie leur donne, & de la façon dont ie les debite, qui s'élongne fort souuent icy du serieux. Le plus puissant motif neantmoins que i'aye eu de vous dedier cet Escrit, l'vn des ieux de mes premieres années, c'est l'auātage qu'il peut

EPISTRE.

receuoir de la protectiō qu'il vous demāde. Car à moins d'estre soustenu par l'agreément d'une personne de vostre Vertu, dont la Sagesse & le bon Sens se sont fait connoistre par toute l'Europe, quel accueil y pouuoit-il esperer, traittant si mal en apparence le Sens-commun? & prenant mesme par fois, comme il fait en raillant, le par-

EPISTRE.

ti de la Folie? En effet i'auoüe qu'il a besoin d'vne aussi puissante approbation que la vostre; & pour l'obtenir, de toutes ces Graces qui vous sont si naturelles, & qui vous feront excuser, s'il vous plaist, les fautes dont ie n'ay peu le garentir. Si vous les trouuez grandes en vn si petit liuret, comme ie ne nie pas qu'elles ne vous doiuent paroistre

EPISTRE.

telles, vous grossirez en leur pardonnant le volume des obligations que ie vous ay, & ie demeureray pour toute ma vie,

MONSIEVR,

Voſtre tres-humble, & tres-obeïſſant ſeruiteur DE LA MOTHE LE VAYER.

Extraict du Priuilege du Roy.

PAR Lettres patentes signées, par le Roy en son Conseil, CONRAT, & seellées, Il est permis à M. DE LA MOTHE LE VAYER, de faire imprimer par tel Imprimeur qu'il voudra choisir, diuers OPVSCVLES, ou petits Traitez en vn ou plusieurs Volumes, auec tres-expresses deffences à tous autres de les imprimer ny vendre durant le temps & espace de cinq ans entiers, à compter du iour que chaque Volume sera acheué d'imprimer pour la premiere fois, sans le consentement dudit sieur DE LA MOTHE LE VAYER, sur peine de deux mille liures d'amande, applicables vn tiers au Roy, vn à l'Hostel-Dieu de Paris, & l'autre tiers au Libraire que l'Impetrant aura choisi, de confiscation des Exemplaires contrefaits, & de tous despens, dommages & interests; Comme il est plus au long contenu ausdites Lettres de Priuilege : Données à Paris le 14. iour de Mars, l'an de grace 1643.

Et ledit sieur DE LA MOTHE LE VAYER, a consenty qu'Antheine de Sommauille & Augustin Courbé, Marchands Libraires à Paris, iouyssent dudit Priuilege, à l'égard du present Volume, ainsi qu'il a esté accordé entr'eux.

Acheué d'imprimer le 2. Octobre 1646.

Page 167. l. 11. ieusnent, lisez festinent.
Page 169. l. 16. fait, lisez rend.

OPVSCVLE
ou
PETIT TRAITÉ
SCEPTIQVE.

Sur cette commune façon de parler.

N'AVOIR PAS
le Sens commun.

COMME il n'y a rien qui soit plus auiourd'huy dãs la bouche de tout le monde, quand

A

on veut taxer quelqu'vn de peu d'esprit, que de dire de luy qu'il n'a pas le Sens commun. Aussi est-ce peut-estre la façon de parler, la moins entéduë que nous ayõs, par ceux qui s'en seruẽt, & la plus mal-prise par vne infinité de personnes qui s'en trouuent fort iniuriez. A mon auis qu'on ne s'en feroit que rire, si l'on auoit fait là-dessus les reflections qui m'ont souuent serui d'entretien dans mes promenades solitaires, & que ie veux icy re-

sceptique.

nouueler, en couchant par escrit ce que ie meditois pour lors sur vn si plaisant sujet.

Ie ne diray rien de l'intention d'offencer que peut auoir celuy qui vse de ces termes, quoy que ce soit principalement sur son mauuais dessein que beaucoup de personnes se fondent pour rendre legitime leur ressentiment : Car on sçait bien qu'à prendre les choses de cette façon, toute sorte de paroles, & mesmes les plus obligeantes, peuuent estre prises en mauuaise part. Nous auons veu des hōmes mettre la main à l'espée, parce qu'on les auoit nommez beaux-fils; & il y en a qui se battent assez souuent pour des termes aussi innocens dans leur signification. Il me suffit de remarquer, comme en passant, que la condition de ceux-là me semble fort peu heureuse, de qui le repos d'esprit a si peu de fondement, qu'ils peuuent estre troublez par le premier venu; à qui il prendra fantaisie de les piquer, & de les mettre aux champs, en leur disant quelque iniure. Les Stoiciens raisonnoient bien autrement, lors qu'ils posoient pour vne maxime trescertaine, que personne ne pouuoit estre offencé que par soy-mesme. Aussi est-ce pourquoy leur Sage estoit invulnerable, parce que ne consentant iamais à l'iniure, il estoit impossible qu'elle peust le penetrer. *Invulnerabile est non quod non feritur, sed quod non*

Sen. l. 2. de trāqu. c. 3.

laditur. N'est-ce pas luy donner vne assiette pareille à celle du Tout-puissant (pour parler cōme ces Philosophes) qui laisse blasphemer impunément l'impie, & qui fait du bien à ceux mesmes qui renuersent ses autels. Si nostre ennemi, ou quelqu'autre mal-habile hōme a l'intention de nous offencer, pourquoy seconderons-nous son dessein? Puis qu'il a besoin de nous pour l'executer, pourquoy serons-nous si lasches que de luy complaire? De quoy luy sommes-nous redeuables, pour obeïr si ponctuellement à ses volontez? Mais sans porter plus auant de semblables cõsiderations, examinons seulement de quelle importance peuuent estre ces paroles, *N'auoir pas le Sens commun*, & puis nous iugerõs de la grandeur de l'iniure, s'il y en a, & par consequent du ressentiment que nous en deuons auoir; supposant mesmes que nous soyons obligez de repousser cette sorte d'outrage.

Pour bien comprendre quel est le Sés commun, il faut connoistre toutes les facultez de l'ame dont il est l'vne, & sçauoir de quelle façon par leur moyen, l'esprit procede en ses diuerses operations. Or parce que l'opinion des Philosophes est icy differente, côme par tout ailleurs, prenons la plus receuë dans les Escholes pour la plus vray-semblable, puis que cela suffit à nostre dessein.

La doctrine la plus commune enseigne conformément au texte d'Aristote, qu'apres que les sens exterieurs ont receu l'espece des objets, ils portent leur sensatiõ au Sens commun qui est interne. Celui-cy en fait part à la phãtaisie; & elle la presente à l'entendement, sous le nom de Phantosme, pour en iuger. C'est en suite de ces fonctions differētes que l'entendement, dont la charge est de prononcer simplement sur le vray ou le faux, emeut finalement la volonté; qui se rend maistresse de toute l'operation, fuiant, ou suiuant, ainsi que bon luy semble, les apparances du bien ou du mal. En quoy elle est comparee à vn maistre aueugle, lequel, bien que conduit par son seruiteur clairvoyant, ne laisse pas de luy commander. Voila en peu de mots ce qui se dit dans les Colleges pour ce regard, sinon qu'on fait tenir registre de tout ce procedé à la memoire, qui n'est pas de nostre consideration pour le present.

Or c'est vne chose tou-

sceptique.

te euidente, que quand nous imputons à quelqu'vn de n'auoir pas le Sens commun, nous ne songeons à rien moins qu'à luy disputer la participation de ce sens interieur, qui connoist des cinq exterieurs seulement, & que les Philosophes accordent mesmes au reste des animaux, donnant aux plus imparfaits, & aux moindres insectes, quelque chose qui luy est analogue ou proportionée. Et quand on le voudroit prendre de la sorte, l'hyperbole paroistroit si extrauagante, qu'elle seroit plus propre à faire rire, qu'à fâcher à bon escient vne personne.

Si nous auons donc égard à l'vsage de ce Prouerbe, comme il le faut faire pour en recónoistre la signification, nous nous apperceurons aisément que par le mãquement de Sens commun, il marque quelque autre deffaut de connoissance plus noble, & qui nous est plus propre. Et parce qu'il n'y en a point d'euidente, com-

sceptique.

me celle des premiers principes, d'où vient qu'ils sont indemonstrables, dautant que n'y ayant rien de plus clair qu'eux, ils ne peuuent estre illustrez d'ailleurs; on pourroit penser que ce seroit de cette priuation de lumiere spirituelle qu'il faudroit entendre nostre commun dire. A la verité, les Mathematiciens nomment leurs Principes des Notions communes, comme, que le Tout est plus grand que sa partie ; qu'ostant des portions égales de choses égales, elles conseruent en ce qui reste leur égalité entr'elles, *ab æqualibus æqualia si demas, relinquuntur æqualia*; & que si deux choses ont vn rapport parfait à vne troisiesme, elles auront encore la mesme conformité entr'elles deus, *quæ sunt eadem vni tertio, sunt eadem inter se*. Certes ce doiuent estre des propositiōs bien manifestes, puis que l'euidence de toutes leurs conclusions en dépend, par la regle de cét autre Principe, *propter quod vnumquodque tale, & illud magis.* Mais outre que ce n'est nullement là où nous appliquons ordinairemēt nostre prouerbe, il faut encore considerer, que les premiers Principes se reduisent à fort peu, en chaque art, ou en chaque science; & que nous nous seruons de cette façon de parler prouerbiale dont nous traittons, quasi à tout moment, & sur d'infinis sujets. De sorte que quand on voudroit tōber d'accord, qu'elle prendroit son origine d'vne certaine pesanteur d'esprit, qui le rend par fois inhabile à comprendre ces Principes, il faudroit en mesme temps reconnoistre que nous luy auons donné vne bien plus grande estenduë; & par consequent porter beaucoup plus loing nostre consideration.

Il se trouue des personnes de si grosse paste, & qui sont naturellement si stupides,

iuuen. sat. 10.

Veruecum in patria crassoque sub aëre nati,

Que pour ne rien diffimuler, on leur pourroit bien adapter noſtre prouerbe, ſans leur faire iniure. Ce ſont ceux que les Italiens nomment *poc' in teſta*, & *zucche ſenſa ſale*; à qui l'on fait voir *lucciole per lanterne*, & comme ils diſent encore, la Lune dans vn puits. Tel fut vn Meletides, lequel pour peine qu'il ſe donnaſt, ne pût iamais apprendre à cõpter iuſques à cinq. Les anciens ont meſmes imputé cette lourderie d'eſprit à des peuples entiers, comme aux Phrygiens, aux Abderites, aux Bataues ou Hollandois qui ont bien changé depuis, & à ceux de Cumes, que Strabon dit auoir esté raillez fort plaisamment, de ce qu'il les faloit auertir, quand la pluye venoit, par vn cry public, qu'ils eussent à prendre le couuert de leurs portiques. Mais telle sorte de gēs qui n'ont l'ame au corps, que cōme vn grain de sel pour les preseruer de pourriture, & que l'on dit en riāt pouuoir mourir sans rendre l'esprit, puis qu'ils

13. Geog.

n'en ont point, ne meritent pas qu'on penſe à eux, ny qu'on ſoit plus ſenſible qu'eux en ce qui les touche. Auſſi qu'on ne leur reproche pas ſimplement qu'ils manquent de Sens cōmun, mais bien qu'ils ne poſſedent ny ſens, ny iugement quelconque.

En effet, le plus ordinaire emploi de noſtre Parœmie eſt à l'égard de ceux que nous croyons auoir des opiniōs extrauagantes, quād elles ne s'accordent pas aux noſtres; parce que cét Amour de nous mesmes est si puissant, que nous ne considerons nos pensees que comme vne partie de nostre estre, sans les examiner dauātage; comme vne folle mere qui ne trouue rien de si beau que son enfant, quelques deffauts qu'il ait, parce qu'il est sien. De-là vient cette animosité ordinaire contre ceux qui nous contrarient, & qu'aussi-tost que quelqu'vn s'escarte de nostre sens, pris pour nostre iugement, nous disons qu'il a perdu le

Sens commun, c'est à dire qu'il ne raisonne ny ne discourt plus comme le reste des hommes raisonnables. C'est ainsi que Iuuenal l'a pris, lors qu'il a dit, en parlant des hommes de condition releuée, qu'ils estoient presque tous despourueus de Sens commun,

Rarus enim ferme sensus communis in illa Fortuna.

Cecy presupposé de la sorte, ie considere premieremét cóbien ceuxlà se peuuent tromper, qui prennét le Sens cómun pour le bon, & les plus vulgaires opinions pour les meilleures de toutes. Comme s'il y auoit rien de plus commun que d'errer? Comme s'il estoit riē de plus sot que la multitude? Et comme si le grand chemin n'estoit pas celuy des bestes? Ha que ceux-là sont encore dans vn grand aueuglement spirituel, qui croyent ne pouuoir pas mieux cheminer, qu'en suiuant la procession, si l'on peut sans profanation vser de cette metaphore, ny aller plus seurement que dans la presse. Si nous obtenons vne fois de nostre esprit qu'il s'affranchisse iusques à ce poinct, d'examiner les choses sans ses preuentions accoustumees, il s'apperceura bien-tost qu'il n'y a gueres d'opinions plus asseurement faulses, que les plus vniuersellemēt receuës. C'est ce qui obligea Pythagore à deffendre sur toutes choses à ses disciples le commerce populaire, comme capable de ruiner entierement sa discipline,

Malchus de vita Pyth.

Namque à turbando nomen sibi turba recepit.

[marginal: Marcellus Paling. in Cancro.]

Et c'est ce qui a fait que tant de grands hommes ont preferé la solitude à la conuersation ciuile, pour n'estre plus infectez de l'haleine du peuple. Car soit que sa brutale ignorance, soit que sa peruerse doctrine dône iusques à vous, vous en estes insensiblement touché : Que le Plastrier vous blanchisse, ou que le Charbonnier vous noircisse, la tache y demeure également.

On a remarqué qu'aux combats

combats publics des hõ-mes & des autres animaux, dont on contentoit la veuë du peuple Romain, les voix du theatre estoient la pluspart du temps, plus fauorables aux bestes qu'aux hommes, tant la multitude est tousiours impertinente, & tant elle est naturellement portée au pis. Ne voyons nous pas au contraire, que tout ce qui est excellent, ne se trouue qu'en fort petit nombre; que les rubis & les diamans sont rares; & que les perles sont nõ-

B

mées *Vnions* par les Latins, pource qu'on n'en rencôtre iamais qu'vne belle à la fois. O que ce Flusteur Antigenide auoit bonne grace! quand il cryoit tout haut à son sçauant disciple ; mais peu gousté par le peuple, *Mihi cane & Musis*, sans te soucier d'vne ignorante populace, côtente toy que ton chant me plaise & aux Muses. Ce n'est pas là faire estat du sens-commun ; ce n'est pas chercher son gain de cause dans les suffrages du peuple.

sceptique.

Nous auons vne autre notable histoire sur ce sujet. Le corps de ville des Abderites manda en grande haste le diuin vieillard Hippocrate (car c'est ainsi que tous ceux qui le suiuent, ont accoustumé de le qualifier) le conuiant à la cure de Democrite, qu'ils tenoient pour vn insensé & pour vn fou parfait, à cause iustemēt qu'il n'auoit pas le Sēs-commun, &, selon que leur lettre le porte, dautant qu'il parloit des Enfers, des Idoles, de l'air, du langage des Oiseaux, de l'infinité des Mondes & d'autres choses semblables, autremēt qu'ils ne faisoient pas. Hippocrate qui estoit venu, comme l'on voit par sa responfe, auec cette pēsée, que ceux qui l'auoiēt mandé, se pouuoiēt bien tromper, & qu'il n'auroit peut-estre pas grand besoin d'employer son Ellebore pour cettefois; n'eut pas plustost entré en conference auec ce pretendu atrabiliaire, qu'il reconneut facilemēt la sottise des Abderités, & le merite de Democrite. C'est ce qui luy fit dire en riāt, que ceux qui s'estimoient les plus sains, estoient à son auis les plus malades ; & ce qui l'obligea à leur declarer libremēt, qu'ayāt fait vn si mauuais iugemēt d'vn si grand hōme, ils meritoiēt mieux vne prise de veratre que luy. Qui se pourroit fascher apres cela, de se voir accusé de n'auoir pas le Sēs-commun? Et qui est celui qui n'aimeroit pas mieux raisōner comme faisoient Hippocrate &

Democrite, qu'à la mode des Abderites & de leurs semblables, deust-il estre tenu par eux pour vn fou ?

Il faut que ie dise icy en faueur de Democrite, que non seulement les plus grands Philosophes de l'antiquité ont passé pour foux de leur tēps : mais qu'au siecle mesme où nous sommes, i'ay veu fort peu de grāds esprits, & d'hommes de merite extraordinaire, qui ne soient tombez dans cette diffamation à l'égard du vulgaire, qui tient toufiours pour infenfez tous ceux qui s'élongnent de fon Sés-cōmun; & qui mefme n'a point de plus ordinaire inuectiue cōtre des perfonnes de qui il ne sçait que dire, finon que ce font des foux, ou qu'ils n'ont pas le Sens-commun. Cardā deuoit auoir obferué la mefme chofe de fon temps, puis qu'il prononce dans fa Prudence Ciuile, qu'il n'y en a point au monde de fi folide, ny de fi bien eftablie, qu'elle foit à l'épreuue de cette calomnie, *nihil tam firmum esse in humanis, quod à stultitia opinione sit tutum.* Pour moy i'estime ce reproche plus propre à émouuoir la rate que la bile d'vn honneste homme ; & i'ay tousiours creu qu'il y auoit du mystere caché dãs ce texte diuin, *qui dixerit fratri suo racha*, (c'est à dire homme vain & badin) *reus erit concilio ; qui vero dixerit fatue, reus erit gehennæ ignis.* Car c'est peut-estre la moindre de toutes les offéces, d'estre appellé fou, selon que

Math.
5.

sceptique.

nous venons de le dire; & veu que comme porte le prouerbe Espagnol, nous le sommes tous les vns enuers les autres. Il faut interpreter de mesme l'action du Prophete Elisee, lequel arriuant dans la ville de Bethel, se veit iniurié par de petits enfans qui l'appelloient teste chauue, *Ascende calue*, & qui le mirent dans vne telle cholere, qu'apres les auoir tous maudits, il en fit manger quarante-deux par des Ours. Ce sont des transports bilieux &

4. Reg. c. 2.

diuins tout ensemble, plus à respecter qu'à imiter, & qui ne nous doiuent pas empescher de mespriser les iniures, & les sots iugemens d'vn peuple ignorant; lequel se trouue par tout où est la multitude, qui se pare de soye aussi bien que de bure, qui porte la soutane aussi bien que les crochets, & qui hante les cabinets dorez, aussi bien que les Foires, puisque que toute sorte de professions composent le peuple dont nous parlons.

De cette consideration i'entre dans vne autre, qui me donne lieu d'admirer l'arrogance & la temerité de l'esprit humain, lors qu'elles luy font condamner, pour estre irregulier, tout ce qui luy est nouueau, comme s'il pouuoit estre la regle de toutes choses; qui les luy font estimer moins communes, quãd il n'en a iamais ouy parler, cõme si la Nature n'auoit point d'autre estendue que sa cognoissance; & qui sont cause qu'il croit qu'on n'a pas le Sens-commun, auſſi-toſt qu'on s'écarte de ſa façon de conceuoir, comme ſi ſa ſphere d'actiuité n'auoit point d'autres limites que celles du globe intellectuel, & qu'il euſt tenu regiſtre de toutes les opinions humaines, dont il ne ſçait pas la milliéſme partie. Car s'il ne poſſede qu'à grande peine quelque legere connoiſſance de la façon dont raiſonnent les hommes de noſtre Europe, ceux de l'Aſie, ceux de l'Affrique, &

sceptique. 37

ceux de l'Amerique ; que sera-ce, quand on luy fera voir qu'il reste plus de Terres à découurir, que tous les Geographes n'en ont encore representé ? Que seroit-ce s'il y auoit d'autres mondes que celui-cy ? Que seroit-ce si selon l'opinion de beaucoup de Philosophes, ils estoient infinis ? A-t'il supputé les pensées de tant de peuples & de Cosmopolites, comme il le faudroit auoir fait, pour determiner quel est le Sens-commun.

Mais si l'on pouuoit supposer sans impieté le monde eternel, selon la doctrine Peripatetique, ne seroit-il pas vray, cóme l'a remarqué Aristote au premier liure des Meteores, qu'il n'y auroit point de pensée, ny d'opinion, pour nouuelle & paradoxique qu'elle parust, qui n'eust esté desia proposée vne infinité de fois, & qui ne le fust encore autãt à l'aduenir; d'où il s'ésuit qu'aucune ne seroit nouuelle ny particuliere. C'est donc vne arrogāce

chap. 3.

insupportable de s'attribuer la connoissance du Sens commun, quand à peine l'on sçait quels sont les sentimens de ses plus proches voisins. Et c'est sans doute vne extreme ignorance de condamner, côme nouuelle, quelque opinion que ce soit, puis que rien n'est nouueau à l'agreable lumiere du Soleil, *nihil nouum sub Sole;* puis qu'on ne peut rien dire qui n'ait desia esté dit; & puisque ce qui est nouueau à nostre égard, est vieil dans le grand monde, & au respect de l'Eternité.

De dire que sans auoir vne si parfaite & si estēduë cōnoissance de toutes les fantaisies des hōmes, on ne laisse pas de remarquer aysément le bon sens, qui est ce sens dont il est question, par le consentemēt du plus grand nombre de ceux que nous cognoissons; outre que la chose est fausse en soy, & que l'argumentation est vicieuse, encore est-il aisé de monstrer par induction, & par quelques

sceptique.

exemples appropriez à ce sujet, combien cette supposition est erronée, & combien de choses passent vniuersellement pour bonnes & vertueuses dans vn lieu, qui sont reputées aussi generalement méchantes & vicieuses dans vn autre. Commençons par la comparaison du vieil au nouueau Monde, & puis nous formerons des antitheses sur ce qui est creu & prattiqué en des lieux de moindre distance, ou pour le moins qui sont beaucoup plus de nostre connoissance.

Les premieres découuertes de l'Amerique, y firent voir vne si grande difference de mœurs comparées aux nostres, qu'il sembloit qu'il y eût là quelque autre humanité que la nostre, & que ce fust vne nouuelle Nature. Or parce que cette cõsideration iroit à l'infini, & que i'ay mis ailleurs par escrit les obseruations principales qui en resultent, ie me restreindray icy à ce que nous apprenons tous les iours de nostre nouuelle

France; me contentant de dire en general de cet autre hemisphere, que comme le plus sage de ceux qui l'habitoiēt, passoit pour vn fou parmy nos Europeens, & le plus sainct pour vn prophane; les Ameriquains ne formoient gueres de leur costé de meilleurs iugemens de nous ; de sorte que nous fussions bien demeurez à deux de ieu pour ce regard, si la force n'eust esté entre nos mains.

Nous disons icy prouerbialemēt que les songes ne sont que mensonges, & nous tenons que c'est vne chose fort vaine que de s'y arrester. Tous les peuples de Canada les croyent tres-veritables, & l'on escrit des merueilles de leurs predictions par le sommeil. Aussi respondent ils encore tous les iours à nos gens qui leur veulent donner vne nouuelle doctrine là-dessus, que chaque Nation a quelque chose de particulier, & que la leur a cela de propre, d'auoir des songes propheti-

Lettre des P. Ies. de l'an 1633.

ques. Ce qui me fait souuenir de ce que Pline a dit des peuples Atlantes d'Affrique, qu'ils ont des songes du tout differens de ceux des autres hommes. 5 hist c. 8.

Nous nous agenoüillons par deça deuant les choses sainctes en grande veneration. En Canada ils ne sçauent ce que c'est que cette posture, au lieu de laquelle ils s'accroupissent pour témoigner leur culte diuin & leur adoration.

Nous lauons icy & nettoyós soigneusemēt

les visages que nous voulons rendre aimables. En cette nouuelle Frāce les plus barboüillez, soit d'ancre, ou de quelque autre ordure, sont les plus agreables, & ce n'est pas auoir là le Sens-commun d'en iuger autrement.

Nous mettons les parfums entre nos voluptez, & nous auons vn tres-grand dégoust des puanteurs. Ces Sauuages trouuent le musc de si mauuaise odeur, qu'ils ne la peuuent supporter, & ont fort agreable celle de quelque vieille graisse ; de sorte qu'ils recreent leur odorat des mesmes choses que le nostre ne sçauroit souffrir.

Leurs habits qui ne distinguët point le sexe, leur auersion à voir de la barbe au menton des hommes, & toutes leurs façons de faire opposées quasi diametralemët aux nostres, se pourroient icy rapporter: Mais c'est assez que ie les designe côme du bout du doigt, en ayant desia fait les principales remarques dans quelques discours qui ont precedé celui-cy. La doctrine qui s'en peut tirer, c'est qu'on n'a pas introduit depuis peu sans cause cette façon de parler, estre Antipode à quelque autre, pour dire auoir des inclinations & des mœurs du tout contraires, puisque celles des Ameriquains, qui ne sont gueres moins elongnez de nous, que s'ils nous estoient parfaittement Antipodes, differoient si essentiellement des nostres.

Retournons à nostre vieil Monde, & voyons si nous y trouuerons le Sens-commun plus vniforme. Ou s'il ne nous dōnera pas sujet pluftost d'approuuer le beau raisonnement, dōt la Philosophie tasche elle-mesme de fortifier l'esprit affligé de Boëce, en ces termes. Que puisque les mœurs des hōmes sont si differentes, & que ce qui est tenu pour vertueux en vn endroit, passe pour vn vice ailleurs ; la gloire des belles actions ne peut

2. de cōsol. prosa 7

pas estre fort estenduë, veu que ce qui l'acquiert en vn lieu, la destruit si facilement dans vn autre.

Exc. Const. L'Historien Nicolas Damascene, obserue que les peuples Pisides, n'ont rien de plus religieusement entretenu parmy eux, que la foy du Depost: de sorte qu'il y a peine de mort establie irremissiblemēt cōtre ceux qui sont conuaincus de l'auoir violée. Les Indiens, dit le mesme Autheur, se moquent par vn sens tout

sceptique.

contraire, de celuy qui se plaind qu'ō luy denie ce qu'il a presté, & les loix ne luy donnent aucune action pour le repeter ou redemander au Depositaire, ne pouuāt faire autre chose que d'imputer sa perte à sa simplicité & à sa trop grande confiance.

Nos batailles se donnent ordinairement de iour, & c'est pour cela que nous les nommons des Iournées, n'y ayant gueres que la necessité, & les surprises, qui nous fassent combattre par

C ij

deçà pendant les ténèbres. Les Massyliens de Lybie, dit ce bon amy d'Auguste, que nous venons de citer, n'en venoient iamais au fort des armes que la nuict, de telle façon, qu'il y auoit tousiours trefue le iour, pendant le plus fort de leurs guerres.

Ciceron remarque sur la fin de la seconde Tusculane, & Valere Maxime de mesme, que les Cimbres & les Celtiberes chantent en guerre, sans y craindre la mort, encore qu'ils se lamentent dans le lict, & qu'ils craignent d'y mourir honteusement de maladie. Les Grecs tout au rebours, selon l'obseruation des mesmes Autheurs, fuyent les dangers de la guerre, & meurent constamment au grabat, y philosophants iusques au bout; qui est aussi ce que nous appellons mourir de la belle-mort, quand on la trouue entre deux draps.

Nos plus serieuses actions semblent ridicules aux Tartares, qui reputent de leur costé criminelles, celles que nous auons pour indifferentes. Et parce que i'ay desia dressé quelques antitheses des vnes aux autres, en des traittez sceptiques, differens de celui-cy, i'adiousteray seulement, comme pour Corollaire, ces deux ou trois Obseruations de choses si absurdes, que c'est assez de les rapporter, pour reconnoistre combien elles sont hors de nostre prattique & de nostre raisonnement. Fendre du bois auprez du feu auec vne congnée : Tirer auec le cousteau la chair du pot encore boüillant : S'appuyer contre le foüet, dont on fait aller les cheuaux (car les Tartares n'vsent point d'esperons :) Toucher des fleches auec ce foüet là : Prendre ou tuer de ieunes oiseaux : Pisser dans l'enclos de son logement : ce sont tous crimes selon leur Iurisprudence, à faire perdre la vie. Cela me fait souuenir des Allemans, qui s'offensent

Voyage de Carpin, c. 3. & Bergeron, tr. des Tartares.

merueilleuſ mét deuoir faire de l'eau par les rués, encore qu'ils piſſent librement ſous la table durant leurs longs repas : Et de ce que i'ay leu des Indiens de la coſte Malabare, qui ne connoiſſent point de plus grande iniure, que de rompre vn pot ſur la porte de quelqu'vn.

<small>Ramus. tom. 1.</small>

Car comme il y a des hommes qui ſont tellement dans l'vſage de la raiſon, qu'ils ne ſe laiſſent preſque iamais trãſporter de cholere pour quoy que ce ſoit, non plus que Socrate: l'on en voit d'autres qui s'offencent de rien, & que la fougue prend sur les moindres sujets qui se presentent. Vne feüille de rose redoublée, empesche vn Sybarite de reposer: Et il se trouue des esprits si delicats, qu'ils se troublent & s'irritent pour des choses, dõt d'autres qu'eux ne feroient que rire. Tel fut cet Hortensius, qui eut volontiers fait perdre la vie à son Collegue, à cause qu'en passant, il luy auoit tant soit

Macrob. 3. Saturn. chap. 13.

peu changé les plis de sa robe, qu'il s'estoit donné beaucoup de peine à bien mettre & aiuster, deuant que de sortir du logis.

Pierre Dam. hist. de Barb. Nous lauons l'vne & l'autre main auparauant que de nous mettre à la table. Les Arabes ne se lauent que la droicte, selon les loix de leur ciuilité.

Nous croyons que le pain chaud est mal-sain en beaucoup de façons. Ils ne mangent le leur ordinairement que tout boüillant.

Nous entre-meslons noſtre pain auec la viande, en prenant nos repas, Ils mangent l'vn & l'autre ſeparément & ſans mélange, ceſſant de prendre de l'vn, quãd ils commencent à gouſter de l'autre.

Nous faiſons prendre à nos cheuaux le foin au ratelier, qui eſt fort haut au deſſus de leur teſte. Les Maures diſent que cela eſt contre Nature, & pretendent qu'en faiſant manger les leurs à terre, ils les rendent plus propres au trauail.

Hiſt. des Cherifs.

Nous visitons nos malades auec vn grãd soin; Les mesmes Tartares, dont nous venons de parler icy dessus, mettent vn signal au logis des infirmes, afin que personne n'y aille que celuy qui les sert.

Nous aimons la netteté du seruice de la table, Ils ne lauent iamais leurs escuelles qu'auec le potage mesme qu'on doit manger.

Nous faisons grand estat de cet imaginaire pucelage, que l'Eschole de Medecine n'a pas encore bien reconnu. Ils n'estimēt point les femmes qu'elles n'ayent eu des enfans; & presque par tout le Leuant la Virginité est vn deffaut.

Surquoy ie veux bien debiter en ce lieu vn paradoxe qui m'a quelquefois passé par la fantaisie, & qui n'est pas peut-estre moins raisonnable pour s'élongner vn peu, ce semble, du Sens-commun. C'est que contre la pensée ordinaire & l'opinion generale de la beauté, qu'on tient pour la plus puissante de toutes les tyrannies, comme celle qui se fait aimer par force de tout le monde; ie croy quant à moy, que ces grandes & rauissantes beautez du sexe feminin, excitent autant & plus de haine, que d'amour. Desia, que tout ce qui est beau ne soit pas pour cela tousiours aimé, ie m'en rapporte à celuy qui auoit pris pour sa deuise vne Comete, auec ce mot Espagnol, *Hermoso, y no querido*. Mais ce n'est nullemét par là que ie le veux prendre,

sceptique.

non plus que par cette autre consideratiõ, qu'il y a de l'antipathie entre ces rares beautez, & la plus grande des vertus de la femme, qui est la chasteté,

------ *Rara est concordia* Iuuen.
formæ, sat. 10.

Atque Pudicitia.
Car bien que ce soit en partie sur ce fondement que Platon au cinquiesme liure de ses loix, ne prise pas tant les corps d'vne beauté extréme, ny mesmes les plus robustes, ou les plus sains, que ceux qui possedent

ces bonnes conditions auec quelque mediocrité. Et quoy qu'on puisse conclure là dessus, que si la beauté fait son sujet vicieux, elle le rend plus haïssable qu'autrement. Ie tireray neantmoins mon fondement d'ailleurs, apres auoir presupposé qu'on ne voit point de ces beautez extraordinaires, qui n'excitent des passions extrémes, comme proportionnées à leur cause, en beaucoup de personnes. Ainsi il s'en trouua plusieurs, qui payerent librement de leur mort le plaisir d'vne nuict que leur accordoit Cleopatre. Or non seulement celles qui sont belles à vn si haut poinct, sont encore naturellement glorieuses, & par consequent rebuttantes & pleines de mespris. Mais ce que i'y considere de plus, c'est qu'estans obligées par leur propre interest, de ne complaire qu'à vn seul, ou à peu d'amants, il faut par necessité qu'elles en desobligent vne infinité d'autres, qui ne man-

Aurel. Victor.

quent gueres de dépit & de ialousie, à tourner leur amour en rage, contre celles dont ils se croyent dédaignez. Et c'est de-là qu'il s'ensuit que ces beautez exquises se font plus vniuersellement haïr, qu'aimer; puis que pour vn ou deux qui persistent dans leur affection, elles se font tant d'ennemis. L'histoire Tragique de la belle Escossoise Duglas, nous peut donner vn exemple de cecy, autant illustre, qu'il y en ait eu dans pas vn siecle, bien que le nostre & ceux qui l'ont precedé, en puissent fournir sans nombre. Cette Angelique, quoy qu'infortunée beauté, se veit calomnieusement persecutée par Guillaume Leout, parent de son premier mari, qui fit succomber son innocence sous le pesant crime de leze Majesté, pour vn refus d'amour qu'il ne peust souffrir, comme il le confessa luy-mesme depuis.

S'il est paradoxique de dire que la beauté se

fasse haïr, il ne le sera pas moins de souſtenir qu'il ſe trouue des perſonnes qui n'ont de l'affection que pour leurs ennemis. Et dautāt que les narrations du temps qui court, ſont touſiours trop pleines d'enuie, contentons-nous du riche exemple que nous en donne Valere Maxime, en la perſonne de L. Valerius, ſurnommé Heptacorde. Cetui-cy inſtituant ſon heritier Cornelius Balbus, auec lequel il exerçoit des inimitiez capitales, fit

l. 7. c. 9.

bien voir que l'esprit humain estoit capable de chérir le peril mesme, & l'infamie, auec ses ennemis. En effet, la loy Chrestienne, qui veut que nous les aimions, n'épesche pas que nous ne leur preferions nos amis. Mais voicy vn Payen qui passe bien plus outre, en s'égarant, *Amauit enim*, dit le texte, *sordes suas, & dilexit pericula, & damnationem votis expetiuit, authorem harum rerum beneuolentia, propulsatores odio insecutus.* Ie sçay bien que ce dernier exemple doit paroiſtre à beaucoup de gens, tout à fait hors du Sens-commun; & neantmoins encore qu'il m'en ſemble peut-eſtre autant qu'à eux, ie ne laiſſeray pas de me ſeruir de ma ſuſpenſiō ſceptique, puis que i'ay eſté trompé ſi ſouuent ailleurs au diſcernement de ce meſme Sens.

Y a-t'il rien de plus creu, & de plus ſenti, deferant aux apparences, que la legereté de l'air? Il s'eſt trouué pourtant des Philoſophes qui l'ōt

sceptique.

maintenu pesant, & le Docteur en Medecine Reyd, demonstre qu'il ne l'est pas moins que la Terre.

La blancheur & la froideur de la neige, semblent elles reuocables en doute? Si est-ce qu'Anaxagore, qui la disoit noire, a eu ses sectateurs; & Telesius, qui la tient chaude, a encore les siens.

Qu'auons-nous de plus sensible, & de plus receu dans les Escholes, que le nombre des cinq Sens de Nature? Ie voy des Philosophes pourtant qui en reconnoissent vn sixiesme, seruāt à la Volupté : Et d'autres, comme Campanella, n'en admettent qu'vn, à sçauoir le toucher ; qu'ils font plus subtil dans l'œil, & plus grossier ailleurs, auec vne certaine proportion.

Toute la Logique est establie sur ce principe, qu'elle emprunte de la Metaphysique, que deux propositions contradictoires ne peuuent estre veritables en mesme temps.

tẽps. Democrite & quelques autres ont soustenu le contraire.

Le fondement de la Physique des plus renommez Payens, est qu'on ne peut rien faire de rien. C'est pourquoy ils reiettoient presque tous la creatiõ du monde, & embrassoient la pluspart son eternité;

Ægroti veteris meditantes somnia, gigni De nihilo nihil, in nihilum nil posse reuerti. Pers. sat. 3.

Il s'est trouué d'autres sçauans, qui ont mis le Neant pour le principe de toutes choses ; & nos Relations modernes de la Chine, portent que les plus grāds Docteurs de ce pays-là, discourent philosophiquemēt de toute la Nature sur cette presupposition.

La Medecine a-t'elle vne seule regie, ou vn seul aphorisme, qui ne soient en controuerse ? Ie m'en rapporte aux Dictyaques de ce Denys Ægee, dont parle Photius en deux sections differentes, qui contenoient cent chapitres de matieres me-

cod. 185. & 211.

decinales, ou le premier estoit tousiours pour la proposition affirmatiue, & le suiuant pour la negatiue.

Mais examinons vn peu plus particulierement par les seules lumieres naturelles ce qui touche la Morale, & nous ne tarderons gueres à reconnoistre qu'il vaut bien mieux, comme l'a dit S. Augustin, tenir des loix diuines, qui sont certaines & immuables, la regle de nostre vie en ce qui touche le vice & la vertu, le bien & le mal, que d'vne science qui paroist presque coniecturale, à cause qu'elle varie incessamment, au gré du temps, du lieu, & des personnes.

On ne conuient dans toute l'Ethique de rien dauantage que du respect enuers les Parens, de l'amour de la Patrie, & du but certain que chacun se doit proposer dans le cours de la vie. Ces trois poincts examinez sceptiquement, nous peuuent faire iuger de tout le reste.

Pour le premier, il semble auoir son fondement dans la Nature, qui nous inspire tacitement dans les cœurs que nous deuons tenir pour Dieux en terre, ceux qui nous les y representent par tant de biē-faits, & en tāt de façons differentes, sur tout en ce que toute paternité procede de Dieu, qui est nostre pere commū. De-là vient que les anciens punissoient de mesme genre de mort l'impieté enuers les Peres, que celle qui regar-

Val
Max l
11. ch.

doit les Dieux immortels, selon leur façon de parler, iettant ceux qui se trouuoient coupables de tels crimes, autant les vns que les autres, à la mercy des vagues de la mer, apres les auoir cousus dans vn sac. Le different qu'eurent les villes de Catane & de Syracuse, pour la naissance de ces fils qui sauuerent leurs Peres des flammes extraordinaires d'Etna, dont chacun s'attribuoit l'honneur; monstre la grande estime où ont esté de

Solin. chap. 5.

tout temps les enfans que l'amour paternel a portez à quelque belle action. Homere veut qu'Antilochus se soit fait tuer deuant Troye, pour sauuer la vie à son pere Nestor. Pindare asseure que Chiron ne faisoit point de plus expresse leçon à son disciple, que d'honorer, apres le grand Iupiter, Peleus & Thetis qui l'auoient mis au monde, comme ses Dieus visibles. Mais abstenons-nous de tant d'exemples qui pourroient estre rapportez

Ode 6. Pyth.

là-dessus, pour faire cette seule reflexion apres Valere Maxime, au suiet d'vne fille Grecque, & d'vne Romaine, qui auoient nourri de leurs mammelles dans la prison, celle-cy sa mere, & la premiere son pere; *Putaret aliquis, hoc contra rerum naturam factum; nisi diligere parentes prima naturæ lex esset*: On pourroit croire, dit il, qu'il y auroit quelque chose en cela qui choqueroit l'ordre de la Nature, de voir allaitter des peres & des meres par leurs

l. 5. c. 4.

enfans; si l'amour paternel & maternel ne dependoit pas, comme il fait, de la premiere loy de cette mesme Nature. Et certes toutes les constitutions diuines & humaines, sont si expresses là-dessus, qu'on ne sçauroit voir sans horreur ceux qui se dispensent tant soit peu de leur obseruation. Les histoires neantmoins font voir que beaucoup de Nations (tres-condamnables en cela) se sont dispensées de ce respect; & les Relations du nou-

Le Pere l'Allem. & Sagard, c. 20.

ueau Monde nous content que les peuples errans de Canada, tuent librement leurs peres & leurs meres, quand ils les voyent dans vne extreme vieilleſſe. C'eſt vn traict de pieté à quelques Indiens d'en vſer de meſme, & de les manger en ſuite, ſi nous en croyons Solin. Les Tribales, dit Ariſtote, ont pour vne action fort honneſte & fort legitime, d'immoler les leurs. Et les Scythes, au rapport de Sextus l'Empirique, les eſtranglent

chap. 52.

2. topic. chap. 11.

3. Pyrrh. hypot. c. 24.

sceptique.

aussi-tost qu'ils sont sexagenaires: de quoy, adiouste-t'il cōme Payen, il ne faut pas beaucoup s'estonner, puis que nous croyons que dans le Ciel mesme, Saturne couppa les testicules de son pere ; que Iupiter precipita le sien dans le Tartare; & que Minerue, assistée de Iunon & de Neptune, tascha vne fois d'enchaisner le mesme Iupiter, dont elle estoit fille. D'ailleurs Aristophane, qui a commis vn autre genre de parricide à l'endroit du

In Neb. act. 5. sc. 2.

pere commun de tous les philosophes, fait que Socrate enseigne les enfans à battre leurs parens par raison. Car puisque, dit-il, les peres chastient leurs fils par amour, comme ils protestent, pourquoy ceux-cy leur cederoient-ils en cette affection, qui les oblige à les traitter de mesme. Aussi que les fautes des peres, leur doiuët bien moins estre pardonnées, puis qu'ils sont plus instruits au bien, & par consequent plus punissables s'ils s'é écartent. Que si la loy ne permet pas qu'on dōne le foüet à d'autres qu'à ceux qui ont le nō d'enfans, les peres ne tombent-ils pas en enfance, selon le prouerbe, *bis pueri senes*, & par consequent dans le cas de la loy? Il n'y a rien, poursuit-il, qui soit plus selon la Nature, que ce procedé, comme le témoignent suffisamment les Coqs, & assez d'autres animaux, qui gourmandent & excedent tous les iours deuant nous ceux qui leur ont donné l'estre: Sans qu'il soit besoin d'auoir recours là-dessus à ce que font les Viperes, les Scorpions, les Phalanges, & ces autres Araignées, qui font perdre la vie en naissant à ceux de qui ils la tiennent. En verité ie croy que ce Roy de Castille, Pierre le Cruel, deuoit auoir estudié cette belle leçon, puisque contre tous les exemples de l'histoire Grecque & Romaine, il fit si peu d'estat de la pieté d'vn fils de dixhuict ans seulement, qui

Arist. 5. de hist. anim. c. 26 27. & vlt.

Plin.l.11. c. 24. & 25.

Mariana l.16.hist. chap. 21.

s'offroit de mourir pour vn Orfeure de Tolede son pere, aagé de plus de quatre-vingts; que le prenant au mot, & se moquant de luy, il le fit impitoyablement executer à mort. Tant y a que selon ce sentiment, tout impie qu'il est, nous voyons des Sophistes, qui souftiennent dans Aulu-Gelle, que nous ne deuons en aucune façon obeïr à nos parens; ce qu'ils prouuent par ce ridicule dilemme. Les choses qui nous sõt commandées par eux,

l.2.c.7

doiuent eſtre raiſonnables, ou déraiſonnables: Si elles ſont raiſonnables, il les faut faire comme telles, & non pas en vertu de quelque iuſſion que ce puiſſe eſtre: Que ſi elles ſont autres, il n'eſt pas iuſte d'obeïr à vn mauuais commandement, d'où il s'enſuit qu'il n'y a pas lieu de rendre iamais aucune obeyſſance à nos peres & meres. Il eſt certain qu'il s'eſt trouué des Platoniciés ſi ſpirituels, ie veux dire ſi amoureux de l'eſprit, qu'ils

faisoient profession ou-
uertement d'vne tres-
grande auersion de leurs
parens, à cause du corps
qu'ils auoient receu
d'eux, dans lequel, com-
me dans vne prison, leur
ame se trouuoit renfer-
mée. Voilà assez de so-
phisteries pour le pre-
mier article.

 Venons au second,
qui regarde l'amour de
la Patrie. C'est celuy
qu'on dit qui comprend,
voire mesmes qui sur-
passe toutes les autres
affections, de femme,
d'enfans, & d'amis; d'où

Plotin.

vient que nous vſons du mot de rapatrier en toute ſorte de reconciliations. Les Arabes, qui n'ont qu'vn ſterile deſert pour Patrie, reſſentent les meſmes tendreſſes pour elle, que les autres peuples, & combattent pour leurs infertiles ſablons iuſques à l'extremité, tant cet amour eſt naturel. Auſſi peut-on dire que les exemples de ceux qui ſe ſont deuoüez pour leur pays, comme les Decies Romains, allans à bras ouuerts receuoir

sceptique.

vne mort certaine, pour faire viure leur Patrie, se voyent auec adoratiõ dans toutes les histoires. Ie me contenteray de remarquer dans l'ancienne, que la mere de Brasidas y est estimée, d'auoir preferé l'honneur de Sparte, à celuy de son fils: Celle de Pausanias, d'auoir porté la premiere pierre pour murer la porte de l'Asyle, où sõ fils trahistre à l'Estat, s'estoit retiré: Et ce grand Capitaine Timoleon, d'auoir tué son frere, pour sauuer sa ville

Diod. Sic. l. 12. 11. & 16.

de Corinthe, qu'il vouloit asseruir. Nostre histoire moderne n'estant pas moins riche en semblables exemples, qui nous meneroient trop loin, contentons-nous d'y voir l'action du Corsaire Dragut. Ce Turc faisant tuer Hebraim, qui luy venoit de liurer la ville de Aphrodisium, ou Africa, que les Maures nomment Mahadia, prononça ce bel apophtegme, que personne n'estoit obligé de tenir sa parole à celuy qui auoit esté trahistre à sa

Thuan. hist.

patrie ; sans que peut-estre il eust iamais ouy parler d'vne action toute pareille de l'Empereur Aurelien, à l'endroit de ce mauuais citoyen Heraclammon, qui luy auoit fait prendre sa ville de Thyane. Tournons maintenant la medaille, & nous y verrons vne bien differente empreinte. L'Amour de la Patrie, disent quelques Philosophes, est vne erreur vtile, & vne fraude necessaire, sans laquelle nul Empire ne subsisteroit. Le

Fl. Vopisc. in Aurel.

Sage se considerant cõme citoyen du Monde, & sans aucune dependance, sera trop amateur de sa liberté, pour se laisser attacher à vne piece de terre, de mesme que l'estoient anciennement ces seruiteurs rustiques, qu'on nommoit *gleba addictos*. N'est-ce pas le suiet de ces deux vers d'Ouide?

Fast. *Omne solum Forti patria est, vt piscibus æquor,*
Vt volucri vacuo quicquid in orbe patet.

C'est encore ce qui faifoit dire àAriftippe en raillant, felon fa couftume, que la Prudence eftoit de trop haut prix, pour fouffrir qu'vn honnefte hōme l'allaft mal à propos hazarder en faueur des Foux, fous ce pretexte de combattre pour fon pays. Et veritablement s'il y auoit lieu d'en venir là, il femble qu'il faudroit que ce fuft pour vne Republique de Platon, ou du moins pour vn Empire auffi iufte que le noftre, pluftoft que pour tant d'autres Eftats que nous

Diog. Laërt. in eius vita.

voyons, dont vn homme de bien ne reſſent gueres la ſouueraineté que par l'oppreſſion, & fort peu par le ſoulagement. Ne voilà pas des raiſons qui ont le gouſt du Lotos, & qui font bien-toſt oublier la Patrie. Pour ne rien dire de ceux qui l'ont euë en ſi grande auerſiõ, qu'on a eſcrit de Neron, qu'apres auoir mis le feu dãs la ville de Rome, qui eſtoit le lieu de ſa naiſſance, & apres s'eſtre contenté l'eſprit auec des tranſports de ioye

Plin. 13. hiſt. c. 17.

nompareils, dans la cõtemplation de cét embrasement, qui luy representoit celuy d'Iliũ; il enuioit encore le bon-heur de Priam, d'auoir veu perir son Estat & sa Patrie auecque luy, les cendres de Troye luy ayant serui de tombeau.

Quant au troisiesme poinct, nous l'expedierons sommairement, en disant, que comme il est necessaire à l'Archer d'auoir vn but arresté, deuant que de tirer sa fléche, estant impossible qu'il vise bien à deus differens obiets tout à la fois: Il ne semble pas qu'on puisse soustenir non plus, que la Morale admette deux fins diuerses de nos actions; *Cor ingrediens duas vias non habebit successus*, dit l'Ecclesiastique. Car les fins subordonnées, bien que plusieurs en nombre, conuiennent toûjours en quelque vnité. Les Anniceriens pourtant, Autheurs d'vne des brāches de la Secte Cyrenaïque, donnoient bien la volupté pour but

cap. 3.

sceptique.

de chaque action particuliere ; mais quant à la vie consideréc en gros, ils nioient absolument qu'on luy peust assigner aucune fin certaine ny determinée, si nous en croyons Clement Alexandrin. Et d'autres qui ont pris garde combien la Fortune est ennemie des conseils reglez, & de toutes les conduittes de la prudence humaine, soustiennent qu'on ne sçauroit pis faire dãs le cours de la vie, que de se proposer vn seul but ferme & aresté. Iamais

l. 2 Strom

cette Deesse aueugle, né fauorise les desseins formez des hommes sages, par la propre confession d'Aristote, qui reconnoist dans son Ethique, qu'ordinairement où il y a beaucoup d'esprit, d'addresse, & de raison, il ne se rencontre gueres de succez, ny de ce qu'on nomme Fortune, parce que c'est le partage des plus inconsiderez; ce qui passe encore pour vne Sentence d'Epicure. Aussi ceux qui representerent autrefois cette mesme Fortune

l. 2. magn. Mor. c. 8

sceptique.

assise sur vn serpent, ne vouloiēt dire autre chose par cét embleme, sinon qu'il n'y a point d'ordre si bien ajusté, ny si raisonnable, dont le hazard ne se moque, & qu'il ne maistrise à la fin. Il n'est donc pas à propos de prendre des mesures si certaines, si nous voulons qu'il nous reüssisse; & le meilleur est, selon le prouerbe, d'auoir plus d'vne corde en son arc, ou plus d'vn dessein, & d'vne visée dans son intention, pour tourner la voile selon le vent, & tirer profit de toute sorte d'accidens. C'est pourquoy Plutarque obserue dans son Traitté des communes conceptions contre les Stoïques, que Chrysippe estoit d'auis qu'au lieu de rapporter tout ce que nous faisons à vn seul poinct, l'on pouuoit auoir deux fins, ou deux buts de la vie differens, luy reprochant d'auoir en cela parlé entierement contre le Sens-commun. C'est au mesme lieu où il le malmeine encore, de ce qu'il auoit souftenu que le vice eftoit aucunemēt selon Nature, & qu'il ne pouuoit pas eftre dit du tout inutile eu égard à l'Vniuers, veu qu'autrement le bien ne s'y rencontreroit pas. Cela se prend de la raison des contraires, qui ne sçauroient subsifter l'vn sans l'autre : Ou de ce que comme les excremens & les mauuaises humeurs ne seruent pas moins à l'entretien du corps humain que les bonnes ; on voit aussi que les hōmes vicieux ne laissent pas de seruir au public, & que le mal particulier qu'ils font, se tourne en bien dans l'ordre general du monde. Mais ne sçait-on pas que Carneade passa biē plus outre encore, quād il eut la hardiesse de soustenir qu'il valoit mieux estre méchant que vertueux.

Or il s'en faut tant, que ie trouue estrange, de voir qu'il n'y ait nul accord sur toutes les parties de la Philosophie, entre ceux qui fōt profession de les examiner;

sceptique.

que ie m'estonnerois bien plus, s'ils s'vnissoiēt là-dessus. Car comment connoistroient-ils le reste, s'ils ne se connoissent pas eux-mesmes? Ie ne sçay pas bien, disoit Socrate, si ie suis vn hōme, ou si ie ne suis point quelqu'autre animal diuers, & plus estrange que Typhon ne nous est representé. Comment voyroient-ils clair au surplus, si le Soleil, qui est la chose la plus manifeste de toute la Nature, leur est inconnu? Commēt enseigne-

Plato in Phædro.

roient-ils aux autres la verité, s'ils n'ont pu encore determiner ce que c'est? Si elle est dans les choses, ou dans l'entendement: Si elle est reelle, ou si c'est seulement vne relation & vne conformité de la chose auec nostre intellect, pour vser du terme de l'Eschole: Si elle est visible & reconnoissable, ou si elle est cachée au fonds du puits de Democrite: Si elle reçoit le plus & le moins, ayant quelque latitude, selon certains Peripateticiens, ou si elle en est incapable conformément à la doctrine de sainct Thomas : Bref, si nous possedons ce *criterium* des Dogmatiques pour la discerner, ou si nostre plus haute faculté de iuger ne s'estend pas plus loin que le vray-semblable des Sceptiques ; de telle sorte que nous ayons bien les instrumens pour la chercher ; mais non pas ceux qui seroient necessaires pour la reconnoistre. Ha que les plus superbes d'entre-nous auoüeront franchement que l'esprit humain est vn vray aueugle-nai, autant de fois qu'il leur restera quelque ingenuité. Tant s'en faut, que ce soit le fait de nostre humanité, de reconnoistre cette verité ; qu'estant bien loin au dessus de nostre Nature, il la faut tenir pour le propre de Dieu seul. C'est pourquoy ie ne doute point que nous ne soyons bien plus ridicules aux Essences diuines dans la pluspart de nos actions, que les Singes ne le sont à nostre égard en tout ce qu'ils font, lors qu'ils taſchent de nous imiter: Et que ces meſmes eſprits, dépoüillez de toute matiere, ne ſe rient encore dauantage de nous, quand nous voulõs connoiſtre la verité, qui n'eſt pas de noſtre portée; que nous ne nous moquons de ces petits animaux dans l'exercice de leurs plus plaiſantes entrepriſes.

Auoüons-le libremẽt, cette raiſon que nous nommons diuine, qui nous rend ſi glorieux, & auec laquelle nous pretendons de pouuoir discerner le vray du faux; est vn iouet à toutes mains, que le mensonge manie comme il veut, & dont il s'aide aussi bien, & souuent auec plus de grace que ne fait la verité. Nous croyons que nostre entendemēt possede cette belle raison, comme vne espouse legitime ; & c'est vne Courtisane effrontée, qui voilée du masque d'apparence, s'abādonne honteusement à toute sorte de partis. Auec la petite lumiere qu'elle nous fournit, nous pretendons de percer facilement les spheres celestes, de controller hardimēt les ouurages soit de Dieu, soit de la Nature, & pour le dire en vn mot, d'estre clairvoyans par tout. Cependant non seulement les esprits vulgaires, mais ceux mesmes qui ont le plus de pointe d'esprit, ou de cette splendeur seche d'Heraclite, se trouuent enuironnez de certaines tenebres si espoisses & si inuincibles, qu'on peut bien dire icy comme au iour de la Passion, *tenebræ factæ sunt super vniuersam terram*, l'obscurité qui est, au sens que nous le disons, en toutes choses, nous empesche de rien discerner comme il faut. Aussi voyons-nous que ceux mesmes qui philosophent le plus altierement, sont enfin contrains d'auoüer qu'ils viuent dans vne profonde ignorance, autant de fois qu'ils ont recours à leurs qualitez occultes, & qu'ils alleguent la cause premiere au deffaut des causes secõdes, qui sont les pierres fondamétales de toute leur science : Que si le mot d'Antisthene rapporté par Plutarche, estoit vne loy parmy eux, qu'il falust faire prouision de sens pour entendre, ou d'vn licol pour se pendre, à mon auis que le nõbre en resteroit trespetit : Mais il n'est pas besoin qu'ils prennent tous les matieres si fort à cœur que le faisoit ce Cynique; & il leur sera bien plus expedient de s'accommoder doucement à leurs destinées, c'est à dire à la volonté de Dieu ; de reconnoistre modestement la foiblesse de l'esprit humain ; & de se contenter du vray-semblable que le Ciel leur donne en partage, laissant embrasser les veritez pures & toutes nuës, aux intelligences deliurées de tout empeschement.

Pour nous qui ne pouuons rien cōnoistre que par le ministere des Sēs, qu'on dit estre les portes de nostre ame, où rien n'entre que par leur

sceptique. 115

moyen, ne deuõs-nous pas estre dans vne merueilleuse defiance de tout nostre sçauoir, veu la debilité naturelle de ces mesmes Sens, leur deprauation ordinaire, & leur fausseté si souuent apparente? La limeure des cornes de Cheure leur semble blã-che, comme celle d'argent leur paroist noire; & neantmoins l'argent est blanc à leur auis, & la corne de Cheure noire. Ils trouuent de mesmes, que des grains de sable separez, sont durs ; cependant quand ils font en vn monceau, ils les iugent tres-mols. Enfin il y a mille inſtances ſemblables à faire, ſi l'on ſe veut ſeruir de l'vn des dix moyens de l'Epoche Sceptique.

Mais ce qui ſuit la ſenſation, eſt encore de plus difficile caution ; iuſques-là que la partie de noſtre eſprit, qui doit rectifier toutes les autres facultez, eſt ſouuét celle qui les depraue. Et comme les Sens impoſent la pluſpart du téps à l'entendement, il ne leur eſt pas à ſon tour plus fidele, leur faiſant trouuer beau & bien formé ce matin, par vne preuention d'amour, ce que l'apres-diſnée peut-eſtre il leur repreſentera laid & difforme par vne paſſion contraire. C'eſt ſur quoy ſe fondent ces Philoſophes, qui ont libremēt auoüé que l'hōme eſtoit le pire de tous les animaux. Leur raiſon qu'on peut voir dās le dix-ſeptieſme liure de l'hiſtoire de Polybe, eſt, que les brutes ne pechēt que par le tranſport de

Et in Exc. Conſt. p. 90.

leurs passions. Là où l'homme qui n'y est pas moins suiet qu'elles, a de plus son mauuais raisonnement, ses fausses opinions, & son imprudence, qui le font faillir à toutes heures. Et c'est encore ce qui fait sou-

Cic. 3. de nat. Deo. stenir dans Ciceron, à ce sçauant Pontife Cotta, que la raison humaine n'est pas vn present du Ciel, comme beaucoup de personnes se le font accroire. Car, dit-il, quand les Dieus eussent voulu nuire aux hommes, & les bien incommoder, que leur pouuoient-ils donner de plus approprié à ce mauuais dessein qu'vne telle raison ? C'est encore sur ce dereglement de l'vne & de l'autre partie de nostre ame, qu'estoit fondé le ris de Democrite, dont il ne pouuoit retenir le cours autant de fois qu'il consideroit, qu'vn animal si foible de corps & d'esprit, cōme est l'homme, se trouuoit neantmoins rempli d'vne si sotte vanité. Tout l'homme, disoit-il, n'est qu'vne maladie continuée depuis sa naissance iusques à sa fin, ὅλος ἄνθρωπος ἐκ γενετῆς νοῦσος ἐστίν : Ses actions déreglées, & son mauuais discours, font assez voir qu'il est toute sa vie dans les rêveries d'vne fiévre chaude. Et cependant il se persuade qu'il est le plus sain du monde. Qui ne riroit auec Democrite d'vn tel delire, & d'vn tel aueuglement?

Si nous voulions tenir vn fidele registre de tous les mauuais tours que

sceptique.

que nous a fait cette partie superieure dont nous parlons, peut-estre n'y trouuerions-nous pas dequoy faire tant les glorieux, ny de quoy prendre vn si grand auantage que nous faisons sur le reste des animaux, quand nous definissons l'homme vn animal raisonnable, pour le bien, & auantageusement distinguer de tous les autres. Ils ne sõt peut-estre point si élongnez de nous du costé du raisonnemẽt, selon le plus & le moins ou autrement (ie laisse à part la consideration de l'immortalité) que la parole & la main ne puissent estre dites des parties autant & plus essentielles, pour nous faire differer des bestes brutes, que cette belle raison telle qu'elle paroist en beaucoup de personnes. En effet, quiconque se figurera des hommes nais & nourris dans les bois, sans mains & sans langue intelligible, de la mesme façon que le reste des animaux les habitent, il s'appercera aisément, que la connoissance intellectuelle, ny la raison que pourroient auoir les premiers, ne leur donneroit pas vn grand auantage sur les autres. Voire mesmes cette pensée cōduitte par le discours mental iusques où elle doit aller, vous les laissera tous auec si peu de differéce entr'eux (i'excepte tousiours l'immortalité) que peut-estre les hommes vous paroistront plus bestes en beaucoup de choses que les bestes mesmes.

Il faut que ie m'explique encore icy sur vne autre pensée qui regarde nostre raison. Ne croit-on pas vniuersellement, que si tous les hommes la possedoient à vn tel poinct de perfection que chacun fust bien sage, le monde en receuroit vn grād auantage, & que tout en iroit beaucoup mieus? Cependant, si l'on y veut prendre garde vn peu de plus prez, on reconnoistra bien-tost le contraire; & que tant s'en faut, c'est la folie qui fait subsister le Monde, lequel apparamment periroit sans son entremise.

Humani generis mater nutrixque profecto Marc. Paling. in Virg.

Stultitia est, sine qua mortalia cuncta perirent,

Nilque agerent homines in terris.

Car la pluspart des Arts dont les hommes font profession, ne doiuent-ils pas leur establissemēt à la folie? Combien les ieux, les dances, les festins superflus, les delices qui vont à l'infini, les parures & les ornemēs de si diuerses façōs, auec mille autres telles galanteries, font-elles viure de monde? N'est-ce pas la folie qui fait combattre tant de Nations, & neantmoins les personnes qui viuent des diuers mestiers de la guerre, ne se peuuent compter. Que feroient, ie vous prie, tant d'Officiers superflus de Iudicature, sans la manie de ce nombre innombrable de gens qui les emploient; & sans la leur propre, qui fait qu'ils preferent ce mercenaire exercice à leur inestimable liberté? A quoy s'occuperoit cette grande multitude de Financiers, qui ne sçauent la pluspart rien faire que dérober auiourd'huy dequoy se faire pendre demain, où s'ils sont plus heureux que sages, dequoy augméter dans peu de iours le luxe d'vn impertinent heritier? Et quelle contenance tiendroient tant de sots Courtisans (les autres m'excuseront s'il leur plaist) qu'vne vaine esperance tient souuent attachez à la plus lasche de toutes les seruitudes? Chassez la folie de la Porte du Grand Seigneur, vous la rendez comme deserte.

Mais puisque Democrite faisant la description & le denombrement à Hippocrate des diuerses demences ou folies des hommes, qui l'obligeoient à vn ris perpetuel, ne s'est pas voulu épargner luy-mesme ; auoüant franchement que l'occupation où il l'auoit trouué, n'estoit pas moins risible que celle de tous les

ep. Hipp. ad Damag.

autres: Ie veux confesser librement icy à son imitation, *Vt vineta egomet cadam mea*, que si i'estois bien sage ie ne m'amuserois peut-estre pas à coucher par escrit, comme ie fais presentement mes petites réveries, quoy qu'elles me fournissent vn si doux diuertissemẽt. Car pour vne personne ou deux qui m'en pourront sçauoir quelque gré, n'est-il pas certain que cent autres m'en voudront vray-semblablement du mal? Surquoy il faut que

Horat. l. 2. ep. 1.

i'adiouſte, qu'entre les folles occupations des hommes on peut bien mettre, ce me ſemble, celle de compoſer tant de liures qui s'imprimẽt tous les iours; à l'égard ſur tout de ceux qui les font ſoit bons, ſoit mauuais, ſous de mauuaiſes chauſſes, puis qu'ils deuoiẽt les faire rhabiller auparauant ſelon l'auis de Montagne. On ne ſçauroit neantmoins retrãcher ce mal-heureux exercice, ſans faire perdre l'occupation & la ſubſiſtance à vne infinité de personnes, qui sont employées dans les impressions, & dans les autres diuers mestiers de la Librairie.

Ainsi il est aisé de conclure que la folie, considerée de ce biais, est aussi vtile au monde, que la sagesse y mettroit de confusions irreparables. Si l'on dit que les hommes estans sages, se donneroient aisément d'autres meilleures occupations: On respond, qu'ostant les guerres, les meurtres, les voluptez de toutes façons qui en font plus perir que le glaiue, & generalement toutes les mauuaises actions que la sagesse ne peut souffrir; la terre n'auroit pas à demy dequoy nourrir le genre humain, à cause de sa trop grande multitude, veu qu'en l'estat qu'il vit, & nonobstant qu'il s'extermine luy-mesme en tant de manieres, on ne laisse pas de s'entrebattre tous les iours pour s'oster le pain de la main, & pour s'enleuer par violence ou par artifice les necessitez de la vie. Car les pestes, qui viennent souuent du déreglement des hommes, cesseroient; & pour celles qui sont enuoyées du Ciel, aussi bien que les deluges, & les embrasemens ou empyreumes periodiques, puis que ce sont nos pechez seuls qui les attirēt d'enhaut, le monde estant sage, il en deuroit estre exēpt. Et par consequent le voilà au plus calamiteux estat qu'ō se puisse imaginer, reduit apparemment à mourir de faim, si la folie n'y remet la main. Mais gracés à Dieu, nous n'auons pas beaucoup à craindre cét inconuenient. Pendant qu'il y aura de l'humanité dans le monde, la folie n'y manquera pas pour luy fournir d'entretien,

Mundus stultorum cauea, errorumque taberna.
Quoy que les sages y puissent proposer, il ne sera iamais que les fous n'y disposent de la pluspart des choses, aussi bien que dans Athenes, selon le dire d'Anacharsis. Et la pensée de cét

Empereur Allemand s'y fera tousiours reconnoistre pour moins estrange que beaucoup ne l'estiment, lors qu'il maintenoit que sans parler de l'enfance des hommes, il n'y en auoit point qui ne fussent foux pour le moins sept ans de suitte, auec cette conditiō importante, que s'il leur arriuoit de faire durant ce temps-là quelque action remarquable de sagesse, ils estoient obligez de recommencer tout de nouueau leur septenaire de folie.

Le bon est que personne ne se plaind de ce costé-là, & que non seulement chacun se plaist à iouër de sa marotte, *Stultitia gaudium stulto*, dit Salomon quelque part, & dans vn autre endroit, *Sapientior sibi stultus videtur, septem viris loquentibus sententias*; mais mesme qu'on canonise la folie d'autruy. Ainsi Faunus, fils de Picus, & qui estoit estropié de la ceruelle (d'où vient peut-estre le nom de nos fous) fut deïfié par les anciens; *Curari*

Prou. c.
15. & 26.

sceptique.

eum magis quam consecra-ri decebat, dit là-dessus Tertullien. Ainsi les Turcs encore auiourd'huy respectent comme saincts ceux qu'ils voyēt courir les ruës; *quasi qui humanos sensus amiserint, diuinos protinus attigerint.* C'est aussi pourquoy il se trouue des hommes si badins, qu'ils imitent les fous par vanité, & font mine de ne sçauoir pas bien ce qu'ils font; d'où vient ce beau mot de Seneque, *Nimis humilis & contempti hominis esse videtur, scire quid faciat.*

l. 2 ad Nat.

de brev. vitæ c. 12.

Et l'on peut se souuenir sur ce propos de certains peuples du Perou, dont parle Garcilasso de la Vega, qui faisoient gloire de n'estre pas raisonnables, & que ces grands Monarques les Incas eurent bien de la peine à guerir d'vne extrauagance d'esprit qui leur plaisoit plus que toute la sagesse dont on leur vouloit faire leçon.

Car il y a des folies de toutes façons, & elles n'ont pas toutes le mesme visage. Il y en a d'e-

sceptique.

tudiées, comme de naturelles. Il y en a d'austeres & de serieuses, comme de gayes & d'éiouées ; *ci sont dei matti sani, & dei sani matti*, dit le prouerbe Italien. Et ce qui est d'vne assez plaisante consideration, c'est qu'il n'y en a point de plus fous, que ceux qui veulent faire les Medecins dans ce grand Hospital des Incurables, dont les quatre principaux departemens sont l'Europe, l'Asie, l'Affrique, & l'Amerique, auec vn cinquiesme vers la terre Auſtrale, qui n'eſt pas encore ouuert. En effet, comme le premier degré de folie eſt de s'eſtimer ſage, le ſecond eſt de faire profeſſion de ſageſſe, & le troiſieſme de vouloir en conſequence reformer le monde, & guerir la folie des autres. La raiſon de cela ſe prend de ce que comme a fort bien rencontré l'Eſpagnol, dans vne alluſion de ſa langue, que la noſtre ne peut exprimer, *el mal que no tiene cura, es locura*, la folie eſt vne maladie dõt on ne guerit iamais. Ainsi la temerité de ceux qui osent entreprendre de rendre sages leurs voisins en despit qu'ils en ayent, a fait dire aux Italiés que pour guerir vn fou, il en faloit vn & demy, *à guarir vn pazzo, ce ne vuol vno e mezzo*. Il semble donc bien à propos de laisser le monde comme il est, & vn chacun dans la libre possession de sa marotte, que souuent il ne changeroit pas pour vn sceptre.

Que si nostre raison

est si peu de chose ; & elle nous est plutost preiudiciable qu'autremēt; & si la folie que nous croyons estre sa partie aduerse, est sa compagne inseparable, & ce que les Cieux ont voulu donner pour appannage à nostre humanité, puis que la plus haute sagesse des hommes est vne pure demence deuāt Dieu: Pourquoy nous estonnerons-nous des opinions des autres, quelques estranges qu'elles nous paroissent ? Pourquoy leur imputeronsnous de n'auoir pas le Sens-commun, nous qui sommes peut-estre plus élongnez que personne du bon, s'il y en a? Et pourquoy tiēdrōs-nous à iniure ce mesme reproche, si quelqu'vn nous le fait, puis qu'en quelque façon qu'on le prenne, il n'a rien qu'vn son vain, & ne possede en effet nulle signification qui doiue scandaliser vn honneste-homme?

Chere Sceptique, douce pasture de mon ame, & l'vnique port

de salut à vn esprit qui aime le repos, c'est icy que tu ioües admirablement bien ton personnage. Ie te demande encore quelques instances, de celles dont tu charmes si plaisamment ma solitude.

N'est-ce pas vne chose estrange de voir la diuersité, ou mesme la contrarieté des iugemens, à l'égard de l'operation des Sens tant internes, qu'externes, & de considerer comme chacun demeure si satisfait du sien, qu'il le prefere

sceptique. 145

prefere tousiours à tout autre. Horace n'auoit que trois persónes qu'il auoit priées de prendre leur repas à sa table, & il les trouua toutes trois l. 2. ep 2. qui vouloient des saulces differentes.

Tres mihi conuiua prope
dissentire videntur,
Poscentes vario multum
diuersa palato.

L'oüie, l'odorat, la veuë, & l'attouchement n'ont rien de plus reglé que le goust. Leurs operations varient non seulement selon les suiets, mais mesmes selon les mo-

G

mens; qui nous feront trouuer à present vn air melodieux si nous sommes gais, que nous ne pourrons souffrir dans vne demie-heure, si la melancholie nous vient saisir. Ie ne puis manier du parchemin sans grincer les dents; & ie connois des personnes qui souffrent le mesme desplaisir pour de la basanne, que ie touche, quant à moy fort volontiers. Demandez à vn Hongrois pourquoy il porte tellement les esperons au dessous du talon, que quād il marche à pied, on les voit presque à fleur de terre ; il vous dira qu'outre la cōmodité qu'il y trouue, rien ne luy semble si laid que la façon dont nous les mettons. Quand le Chinois laisse croistre les ongles de sa main gauche, rongnant curieusement ceux de la droitte, il croit auoir pippé, comme on dit, ou des mieux rencontré en ce qui est de leur vsage, & de la bienseance tout ensemble. Les Allemans qui s'en-

Ind. Ori. p. 12.

tre-saluënt hommes & femmes en frappāt dans la main, & en secoüant bien fort le bras, se rient de nos genu-flexions, & de nos baisers, qui scandalisent si fort d'autres Nations. Ainsi tout le monde a son compte, chacun s'imaginant estre le plus fin, & l'entendre biē mieux que son voisin.

Que si nous auions ce beau liure de Chrysippe de l'incertitude des sentimens, ce chef-d'œuure que les Stoiciens estimoiēt iusques-là, qu'ils

Plutar. contr. des Sto.

disoient que toutes les compositions des Academiques mises ensemble n'estoient pas dignes de luy estre comparées ; certainement outre que ce Traitté que nous dressons presentement, en pourroit tirer beaucoup d'auantage, il faut croire que nous receurions vne merueilleuse satisfactiõ de sa lecture. Car c'est le liure où il s'estoit surmonté luy-mesme, & sur lequel Carneades eut le plus de suiet de luy dire que sa force l'auoit perdu, n'ayant iamais peu satisfaire aux fortes obiections qu'il s'y estoit formées, & qui alloient contre la certitude des sciences, dont il vouloit puis apres establir la realité.

Tant y a que cette merueilleuse diuersité de nos sens tant interieurs qu'exterieurs, a porté beaucoup de personnes à se persuader, qu'on pourroit vtilemét auoir recours à ceux des autres animaux, pour establir vne nouuelle & plus certaine philosophie, puis qu'ils semblēt moins suiets à la deprauation dont nous nous plaignōs. Le chien d'Vlysse Argus en peut seruir de bon témoin, puis qu'il fut le seul des domestiques de cét Heros qui d'abord le recōnut. Aussi estoit-ce sās doute le suiet sur lequel Epicure nōmoit les bestes des miroüers de la Nature. Mais quoy! outre la difficulté de bien assoir cette bestiale philosophie sur des principes estrangers, encore est-il vray-semblable que

Hom. Ody. 17.

Cic. 2. de Fin.

les bestes brutes ne sont pas du tout exemptes des tromperies sensuelles, pour parler ainsi, estant fort à presumer que ce qui paroist vne montagne à vn Fourmi, n'est pas seulement apperceu par l'Elephant; & que suiuant le premier des dix moyens de nostre Epoche, leur téperament estant differēt, selon qu'ils sont plus chauds ou plus froids, plus secs ou plus humides, ils ont leurs organes diuers, & par consequét leurs sensations differentes.

sceptique.

Entrons maintenant vn peu plus au dedans, & y considerons d'vn œil sceptique les diuerses operations des sens internes, & de l'entendement. Les inclinations si dissemblables des hommes, & leurs occupations si contraires, monstrent biē qu'ils iugent tout autrement les vns que les autres des choses du Monde.

Castor gaudet equis, ouo — Horat. l. 1. sat. 1.
prognatus eodem
Pugnis: quot capitum viuunt, totidem studiorum Millia.

C'est ce que signifioit cette pluralité des Muses qu'auoit introduit la Theologie des Payens, pour marque de ce genie different qui nous porte tantost à vne estude, tantost à l'autre.

Et parce que les actiõs des grands personnages sont de toute autre authorité que celles des hommes ordinaires, à cause que nous croyons, quoy que peut-estre à tort, qu'elles sont bien plus concertées, & par consequent plus instructiues que celles des

Nic. Dam. in Exc. Const.

particuliers; attachons-nous aux premieres, & y faisons nos principales reflexions. Nous suiurons en cela l'auis de Xenophon, qui dit au commencement de son Conuiue, que les ieux mesmes, & les moindres diuertissemens des personnes rares & de merite extraordinaire, doiuent estre obseruez cōme les plus estudiées & plus éclatantes œuures qu'ils puissent faire.

Mais dautant que dās vn trauail bien plus serieux que celui-cy, i'ay *de l'instr. de M. le*

Dau-phin. p. 230. desia traitté ce poinct fort au long, & fait vn denombrement tres-particulier des caprices d'vne infinité de Princes & de Monarques, tant anciens que modernes, qui se sont pleus à des exercices tout à fait ridicules ; ie m'abstiendray d'en faire icy vne ennuieuse repetitiō. Il suffira pour mon dessein d'adiouster à ce que i'ay dit au mesme lieu des passe-temps pueriles de Scipion & de Lelius sur le riuage de la mer; comme Socrate auec toute sa Philosophie ne s'est pas donné souuent moins de licence que les autres, ny n'a fait des actions moins folles en apparance, que les font ceux qui passent pour estre les plus élongnez du Sens-commun. Ne fut-il pas surpris par Alcibiade tenant entre ses iambes vn baston qu'il nommoit son cheual, & sur lequel il couroit la bague auec ses enfans? Si est-ce qu'il n'en faut pas faire dauantage au iugemēt d'Horace, pour meriter l'Ellebore, ou, comme parle l'Italien, *per pizzicare del Pazzo*, en bon François pour estre condamné aux neufuaines de S. Mathurin.

[marginal: l 2. Saty. 3.]

Ædificare casas, plostello adiungere mures,

Ludere par impar, equitare in arundine longa,

Si quem delectet barbatum, amentia verset.

Cependant, tous ceux qui ont pris connoissance du genie de Socrate dans les Relations de ses Disciples, & des autres qui ont parlé de luy, s'empescherõt bien d'auoir la moindre pensée là-dessus capable de blesser cette grande reputation de Sagesse où il a tousiours esté. Ha! qu'il se fust ri agreablement de ceux qui l'eussent pris pour vn fou, à cause de cette action? Et que l'iniure de n'auoir pas le Sens-commun eust esté la bien-venuë auprez de luy?

Venons de ces iugemens particuliers & de passe-temps, à d'autres generaux beaucoup plus importans, & que nous verrons auoir partagé l'esprit des hommes de toutes professions, qui se sont opiniastrez pour l'affirmatiue ou pour la negatiue, sans que pas vn ait iamais voulu ceder.

Les Peripateticiens establissent pour constant, suiuant la doctrine de leur Legislateur, que Dieu & la Nature operent tousiours par la voye la plus courte; & quelques Philosophes encore se seruent de ce principe, pour prouuer la mobilité de la terre. D'autres disent que si

Dieu tant en la Creation du Monde, qu'en sa Redemption, n'a pas suiui le chemin le plus court de tous les possibles, veu qu'il pouuoit faire ces choses-là d'vn seul acte de volonté; il n'y a pas lieu de conclurre qu'il aille toûjours par le plus court sentier au reste de la Nature. L'on n'auance point de proposition dãs toute la Philosophie, qui n'ait reçeu le mesme partage, & qui ne soit encore à decider.

Vne partie du Senat

Romain suiuoit l'auis de Marc-Caton, qui ne se lassoit point de crier en toutes rencontres qu'on deuoit destruire Carthage, si l'on vouloit garentir Rome de desolation à l'auenir. L'autre partie portoit le bon Publius Nasica, qui resistoit perpetuellemét à Caton, maintenant qu'il estoit plus glorieux de commander aux grādes villes que de les destruire, & preuoyāt d'ailleurs les desordres de Rome qui suiuirent selon ses propheties, quād elle eut perdu la crainte de Carthage, qui la tenoit en quelque respect, & qui l'empeschoit de s'écarter par trop de son deuoir. Toutes les maximes de la Politique sont aussi problematiques que celle-là, & les raisons que les Italiens nomment de bon gouuernemēt, ont tousiours deux visages differens. Ceux qui suiuent l'auis de Pline le ieune, soustiennēt qu'il n'y a point de meilleur maistre, que celuy qui a esté seruiteur, & qu'on n'a iamais eprouué de si bons Princes, que l'ont esté ceux qui auoient obey en qualité de sujets. Salomon prononce tout le contraire dans ses Prouerbes, où il establit cette maxime, que la domination d'vn seruiteur deuenu maistre, est la chose du monde la plus insupportable.

Beaucoup de grands Capitaines asseurent qu'vne bataille a du desauantage si elle est dressée en pointe, & qu'il la faut tenir fort estenduë de front. Louis d'Auila qui estoit de ce sentiment le prouuoit par les exemples de la iournée de Sittart, & par celle que gangna Charles-Quint contre le Duc de Saxe, prez de Mulberg. Monsieur de la Nouë tient le contraire, & allegue en faueur de son opinion les batailles de Coutras & d'Yuri. Homere fait attendre de pied-ferme le choc des ennemis, & les Lacedemoniens le prattiquoiēt ainsi. Cesar en vsa tout autrement dans la bataille de Pharsale, &

s'en trouua tres-bien. Les conseils de guerre sont pleins de semblables contestations, soit au fait de la Castrametation, soit en ce qui regarde les combats, & les autres fonctions militaires.

Il y a des Theologiés qui se figurent le Paradis d'vne façon ; les autres nous le representent d'vne autre en ce que l'Eglise n'a pas determiné. Aux vns l'Enfer n'est rien que la priuation de Dieu ; aux autres il est ardent de feux &

de flammes, ce qui doit estre creu; les Chinois dans leur Idolatrie superstitieuse se l'imaginent fumeux seulement. Les Chrestiens font leurs iours gras qu'ils passent dans la bonne chere, deuant les abstinences du Caresme. Les Turcs ieusnêt apres le leur qu'ils appellent le Ramasan, & croyent auoir en cela beaucoup plus de raison que nous. Hors ce qui est de la Foy qui ne doit iamais estre disputée, la vraye Religion mesme n'a pres-

que rien qui ne soit en controuerse dans ses Escholes. L'Euesque Barthelemy de las Casas, condamne les cruautez des Espagnols ses compatriotes, qu'ils auoient exercées côtre ces paures Indiēs du nouueau Mōde, au de-là de toutes les inhumanitez imaginables ; Sepulueda les souſtient comme iuſtes, & faittes selon le droict des Victorieux. Les vns diſent des miserables, que Dieu les punit, & qu'il leur diſtribuë les afflictions à proportion
de

de leurs crimes; les autres que Dieu est auec eus, & les aime, voulant par là exercer leur Vertu, & les faire meriter. Les François pleurent au seul souuenir des Matines Parisiennes, & detestent les massacres de la sainct-Barthelemy; on en fait des feux de ioye dans Rome, & le Chasteau Sainct-Ange en tire tout son canon d'allegresse: C'est ainsi que chacun fait le Ciel partisan de ses interests, & que l'homme ne pouuant connoistre quels

Thuan. hist. 51.

sont les sentimens de Dieu (ie m'explique ainsi, puisque nous ne pouuons parler qu'improprement de luy) aime-mieux luy attribuer les siens propres, que d'auoüer son ignorãce.

O precieuse Epoche! O seure & agreable retraitte d'esprit ! O inestimable antidote contre le presomptueux sçauoir des Pedans, que tu es de grand vsage dans tout le cours de la vie, & parmy le commerce ou la conuersation des hommes, ordinairement si amateurs de leur sens particulier, que tout ce qui s'en élongne tant soit peu, n'est plus à leur dire le Sens-commun. Le mot d'Epicharme represente excellemment le merite de cette belle suspension, νᾶφε, καὶ μέμνασο ἀπιστεῖν: ἄρθρα ταῦ τῶς φρένων, sobrius esto, & nemini credere memeto: hi sũt articuli prudẽtiæ, ou comme Ciceron a traduit cette importante Sentence, *Nerui atque artus sunt sapientiæ*, *non*

Polyb. 17. hist

de petit Consul.

temere credere. Car puisque toutes choses sont si bien colorées, & qu'il n'y a point d'opinion pour extrauagāte qu'elle paroisse, qui n'ait quelque grand prote-cteur; pourquoy me hazarderois-je de prendre parti, & de rien determiner, sinon autant que le vray-semblable le peut permettre, & sous cette importante reserue, de me pouuoir retra-cter autant de fois, que quelque nouuelle lumiere me fera voir qu'il sera expediēt de le faire.

Malum consiliü est quod mutari non potest, disoit sententieusement le Comedien Publius. Ie veux en tous mes iugemens me reseruer vne voye d'appel de moy iuge mal-informé, à moy-mesme mieux informé, s'il arriue que ie le puisse estre.

Certes la Theologie des Payens, s'il est permis de l'appeller ainsi, leur faisoit vne belle leçon pour ne se point estonner de voir auec combien d'animosité chacun deffend ce qu'il a vne fois entrepris de souſtenir ; quand elle leur repreſentoit les Dieux meſmes combattant à toute outrance, chacun pour le parti qu'il affectionnoit,

Ouid. 1. Triſt. el 2.

Mulciber in Troiam, pro Troia ſtabat Apollo,

Æqua Venus Teucris, Pallas iniqua fuit.

Mais comme elle enſeignoit auſſi, que Iupiter le plus grand de tous demeuroit indifferent parmy tant de conteſtations, ſans ſe monſtrer plus fauorables aux vns qu'aux autres, & en les écoutant tous également: On peut dire de mesme, que ce grand nombre de Philosophes Dogmatiques, qui sont les Dieux des sçauans, ont beau contester entr'eux, côme il leur arriue iournellemēt, & se faire vne guerre mortelle; Le Sceptique les regardera tousiours d'vn estage superieur, sans prendre parti, & sās s'émouuoir; *Rex Iupiter omnibus idem.*

Ce n'est pas à dire pour cela que cette *aphasie* Pyrrhonienne nous rende par son indifference insensibles à tout, ny qu'elle priue nostre ame de ses fonctions ordinaires, comme quelques-vns ont voulu dire. Car bien que nous n'admettiōs iamais cette certitude magistrale des autres Sectes, nous ne laissons pas d'acquiescer au vray-semblable, & de suiure l'apparence des choses autant de temps qu'elle dure. Ainsi nous ne tōbons pas dans la *Misologie*, qui est vn mespris du raisonnement, ou vne certaine auersion du bon discours, que Socrate trouue si vicieuse dans le Phedon de Platon, qu'il la fait aller du pair auec cette haine du genre humain qu'on nomme *Misanthropie*. Mais à la verité comme celuy qui a esté trompé vne infinité de fois par ceux-là mesmes qu'il estimoit les plus hommes de bien, & de l'amitié desquels il s'asseuroit dauantage, encore qu'il ne doiue pas contracter là-dessus vne mauuaise volonté contre tout ce qui porte le charactere de nostre humanité, fait bien pourtāt de se defier en suite, & selon le precepte moral, d'vser de ses amis, comme de ceux qui peuuent deuenir ses ennemis. Aussi apres auoir éprouué tant de fois la faulseté des raisons que nous auiōs receuës pour les plus vrayes, quoy qu'il ne soit pas à propos que nous haïssions ou mesprisions pour cela toute sorte de raisons, ny que nous deuenions *Misologues*, pour nous seruir des termes de Socrate : Il est bien de la prudence toutefois, d'vser de nostre defiance Sceptique, & de ne receuoir plus d'oresnauāt ces raisons que comme vray-semblables, & telles que nous les puissiõs desauoüer sans rougir quand nous le iugerons de saison. De verité, comme Thucydide le remarque fort bien, il n'y a que la *superbe ignorance des Pedans, si l'on préd ce mot dans sa signification morale, qui leur fasse soustenir insolemment tout ce qu'ils croyent d'abord raisonnable. Ceux qui ont le discours meilleur par vne plus grande cōnoissance de l'incertitude de toutes choses, sont beaucoup plus retenus & plus modestes dans leurs opinions. Les termes de ce grand Historien sont trop considerables pour les obmettre, ἀμαθία μ῀ ϑράσος, dit-il, λογισμὸς ϑ᾽ ὄκνον ϕέρ∂, inscitia quidē audaciam, cōsideratio autem timiditatem affert. Nous ne laissons donc pas de viure en effet, & de parler comme les autres; quoy que nous le faßions touſiours auec plus de retenuë qu'eux, pour éuiter les inconueniens où tombent à toutes heures les Dogmatiques. Par exemple, quãd ie viens d'eſcrire mon auis ſur cette façon de parler, qui a paſſé en prouerbe, *N'auoir pas le Sens-commun*, & que ſelon ma couſtume i'ay ſuiui mon caprice là où il m'a voulu porter, ie n'ay pas laiſſé de pronõcer que ce Sens-commun n'estoit vray-semblablement connu de personne ; que quand il le seroit, ce n'estoit pas à dire pourtant qu'il fust le meilleur ; & en fin que ie ne pensois pas qu'vn homme de iugement deust prendre ces termes pour fort iniurieux. Mais ie ne pretens pas neantmoins auoir rien escrit sur tout cela affirmatiuement ny irreuocablement d'vn stile d'airain. Que les autres fassent gloire tant qu'ils voudront d'auoir le leur inflexible, pour moy ie reserue tousiours la faculté aux pensées de la nuict, de corriger celles du iour, si elles le iugēt à propos; & ie veux que ma plume ressemble à celle du Paon, qu'elle soit susceptible de toutes couleurs, & qu'elle change comme elle, si le cas y eschet, aussi souuent qu'elle remuëra.

Si celuy qui lira ce que ie viens d'escrire se souuient qu'il est homme comme moy, il se deura contēter du vray-semblable cōme ie fais, & ne rien desirer au de-là, selon que Timée nous en a donné de si belles leçons dans Platon. Non content de cette declaration, ie reitere icy ma profession d'ignorance, dont la Sceptique m'a fait faire le premier vœu ; & me iettant doucement entre ses bras, comme entre ceux de ma mere nourrice, ie m'y promets le repos qu'elle donne à tous ses Sectateurs, & de trouuer dans son giron le plus doux cheuet que puisse choisir pour se reposer vne

in Tim.

teste amie de la tranquillité. Surquoy auparauant que de finir, ie veux bien reciter encore icy en faueur d'vne si noble ignorance le sens allegorique & moral, que i'ay tousiours creu qu'on pouuoit fort bien tirer de l'histoire de Sison, puisque la pluspart des Peres se sont donnez la mesme licence de l'interpreter mystiquement, & de chercher ingenieusement des allegories dans les plus sacrez textes de nostre creance, ce qui ne blesse iamais le sens litteral.

Desia chacun sçait que tous ces Heros des anciens, qu'ils nous ont representez auec des forces extraordinaires, tels que sont des Atlas, & des Hercules, passent dans l'explication de la fable pour de grãds Philosophes ; d'où vient qu'on leur fait porter le Ciel sur les espaules, comme ayant tres-bien discouru des choses metaphysiques & diuines. La peinture de nostre Hercule Gaulois, rend encore vn grand témoignage de cela, si l'on en croit Lucien, qui ne l'explique point autrement qu'au sens que nous venons de dire. Ce n'est donc pas mal à propos qu'on peut prendre de mesme les forces corporelles de Samson pour celles de l'esprit, quoy que dans vn suiet aussi sainct que les precedens sont prophanes; & il me semble qu'on en peut faire la figure parfaitte d'vn Philosophe Sceptique.

Son premier exploit fut de tuer ce Lion, dans

la bouche duquel il trouua le miel qui luy seruit de tres-plaisante nourriture. Cela ne represente pas mal l'auantage qu'a le Sceptique sur le Dogmatique, qu'ō voit fier comme vn Lion, & qui croit bien en auoir les forces. De ses argumens & de ses propres conclusions, comme de sa bouche, le Sceptique tire sa nourriture, & monstre euidēment l'incertitude de toutes choses, ce qui luy est d'vne si agreable contemplation qu'elle peut estre comparée à la douceur du miel.

Depuis Samson par le moyen de ses Renards, brula les bleds des Philistins, emporta les portes de leur ville, & finalement se voyant pris par eux, fit vn tel effort, qu'il renuersa la maison où ils estoient, qui les écrasa tous auecque lui.

Les dix moyens de l'Epoche sont ces Renards subtils, qui portent l'incendie & la desolation dans les bleds des Philistins, c'est à dire dans toutes les Disciplines des Sçauans, qu'il leur est impossible de garantir, tant ce feu Sceptique est actif.

Les portes qu'il leur enleue, sont ou leurs principes qu'ils posent à l'entrée de chaque sciēce, & dont il fait voir l'abus ioint à la futilité. Ou bien le rapport pretēdu veritable des sens, que nous auons desia nommez les portes de nostre ame, pource que rien ne peut paruenir iusques à l'entendemēt, qui n'ait passé par là, *nihil in intellectu, quod*

sceptique.

non fuerit prius in sensu. Car ce Samson Sceptique monstre si visiblement les tromperies ordinaires des Sens, qu'il ne laisse aucune regle certaine pour cognoistre la verité, se moquant de cét imaginaire instrument rationel que les Escholes nommēt κριτήριον τ ἀληθείας, puis qu'il n'y a que la fantaisie qui iuge des apparances comme bon luy semble, & veu que les veritez certaines ou indubitables ne se connoissent que dãs le Ciel.

Or parce que ces Sçauans Philistins prirent vn iour nostre Heros philosophique, & le lierent de cét argument, qu'ils croyoient indissoluble; que s'il n'y a rien de certain, il s'ensuit que cette proposition fondamentale de toute la Sceptique n'est pas certaine, qu'il n'y ait rien de certain; & par consequent ce qui luy est opposé se trouuera veritable, qu'il y a quelque chose de certain : Il se resolut à ce dernier effort de destruire sa proposition

position par elle mesme, la comprenant & l'enueloppant dans les propres ruïnes qu'elle fait de toute sorte d'axiomes ; de telle façon qu'au mesme téps qu'elle dit qu'il n'y a rien de certain; elle estend sa significatiō sur elle-mesme, & perit auec le reste des propositiōs dogmatiques, plustost que de laisser subsister quelque chose de certain. C'est ainsi que le feu qui deuore toutes choses se consomme luy-mesme auec elles ; & que les purgatifs de la Medecine, se iettent eux-mesmes dehors par la mesme faculté dont ils chasent les mauuaises humeurs du corps humain.

Voilà la ruine dans laquelle Samson voulut glorieusemét finir auecque les Philistins, qui auoient auparauant découuert que toute sa force consistoit en ses cheueux ; c'est à dire que toute la philosophie de ce grand personnage estoit fondée sur la foiblesse de nostre connoissance, & sur l'incertitude de toutes choses, ce qui leur auoit donné le moyen de luy preparer les liens que nous venons de dire.

Mais il n'y a rien dans toute cette Histoire de si approprié à nostre suiet, que la grande deffaite que fit Samson de ses ennemis auec la maschoüere d'vn Asne; excellent Hieroglyphique de l'ignorance Sceptique, auec laquelle ce braue Philosophe, qui ne parloit que de nostre asnerie ou ignorance naturelle, cōfondit tous les asserteurs de dogmes, & tous les superbes Sophistes qui se presenterent deuant lui. Aussi but-il en suitte auec vn extréme plaisir des eaux qui sortirent de cette maschoüere : Ce qui est sans doute vne riche figure des cōtentemés extremes que reçoit vn esprit bien-fait de la connoissance de sa foiblesse ; n'entreprenāt plus rien au de-là de ses forces, & n'estant plus trompé, comme les autres dans ses operations, dont il ne se promet rien qui passe le vray-semblable, puis que ses Destinées n'ont pas voulu que sa sphere d'actiuité s'estendist plus loin.

Cette allegorie me donne enuie d'en tirer encore vne autre du Bœuf & de l'Asne, entre lesquels celui-là voulut naistre, qui a dit que toute la prudence du Monde, & toute la sagesse des hommes n'estoient que folie deuant luy, *nonne stultam fecit Deus sapientiã huius Mundi?* comme dit S. Paul apres auoir rapporté cet-

Ep. 1. ad Cor. c. 1.

te prophetie de l'esprit de Dieu qui est dans Esaïe, *Perdam sapientiam sapientium, & intelligentiam intelligentium reprobabo.* Car comme l'vn de ces animaux, suiuant nostre precedente explication, represente si bié l'ignorance humaine, que nous auons fait passer dans nostre langage ordinaire le mot d'asnerie pour elle, en faisant deux synonymes: Il n'y a rié aussi qui nous puisse mieux figurer la suspension Sceptique, que la pensante tardiuité du Bœuf.

Esa c 19.

Ce fut donc, dans noſtre sẽs allegorique, pour nous faire leçon & de l'humble ignorance, & de la modeſte retenuë des Sceptiques, qu'il choiſit l'eſtable & la compagnie de ces deux animaux pluſtoſt que de tous autres au iour de ſa naiſſance. Il l'a bien fait voir depuis dãs le cours de ſa vie, toute occupée à la confuſion des Sçauans, & où il ne nous a rien plus ſouuẽt ny plus ſoigneuſement recommandé, que de prendre bien garde que nous ne fussiõs iamais seduits par les elemens d'vne vaine & bouffisante philosophie ; au lieu de laquelle nous nous deuions contenter d'vn sçauoir accompagné de sobrieté, qui est celui de l'Epoche, Φρονῦν εἰς ὁ Σωφρονῦν, *sapere ad sobrietatem*, selon les termes de l'Apostre. C'est ce dont nous nous sommes expliquez assez au long en diuers autres traittez que celui-cy, où nous pensons auoir rendu fort apparent, que de toutes les familles philosophiques

Paulus Ep 1. ad Rom. c. 12.

des anciens, il n'y en a aucune qui s'accommode si facilement auec le Christianisme, que la Sceptique respectueuse vers le Ciel, & soûmise à la Foy, ce qui me dispensera d'en dire icy dauantage.

Ie me doute bien que ie ne me suis que trop estendu dans cet Opuscule au gré de plusieurs, qui diront peut-estre qu'en traittant du Sens-commun, i'ay fait voir que ie n'en auois pas grande prouision. Il s'en faut tant que ie sois pour prendre leur iugement en mauuaise part, qu'en verité il ne me donnera pas vne petite satisfaction, à l'égard de ceux vers qui ie serois bien fasché d'estre en meilleure estime, ne pésant pas pouuoir estre bien auec eux & auecque moy-mesme en mesme temps : Les autres se peuuent asseurer aussi, que ie ne suis pas non plus pour me piquer beaucoup contr'eux de cette iniure, veu ce que i'en ay dit dans tout ce discours. Et ils considereront, s'il leur plaist, que c'est le propre de l'Epoche de traitter des paradoxes, & de rendre douteuses les propositions qu'on reçoit ordinairement pour constātes. Comme quand elle nie que le tout soit plus grand que sa partie; sur quoy nous nous sommes aussi ioüez quelquefois apres les autres. Ou lors qu'elle ne peut souffrir qu'on dise qu'vn & vn fassent deux, dequoy Platō mesme auoit douté dans son liure de l'ame, auparauant que

in Phaed.

noſtre Sextus l'Empirique ſe fuſt ſerui de la negatiue de cette meſme propoſition contre les Arithmeticiens. Ces doutes & ces opinions paradoxiques ſont vtiles aux Sceptiques, comme aux maiſtres de muſique de prendre vn peu plus haut, ou plus bas que le iuſte ton, pour y ramener ceux qui ont diſcordé ; leurs ſentimés nouueaux & eſtranges ayāt le meſme effet pour nous tirer du courant des maximes de la multitude, dont nous ne

l. 4 adu. Math. & 3 Pyrrh. hyp c 18

pouuons trop nous escarter. D'ailleurs ie soustiens que le Paradoxe n'a rien en soy de mauuais, pourueu qu'il ne soit pas Paralogue, comme disoit vn Ancien; & i'ay mesmes quelque soupçon que les plus saines opinions (si tant est que nous possedions quelque santé pour ce regard) sont peut-estre les plus paradoxiques, bien que la plufpart de nous ne les puissent souffrir; non plus que les veuës basses vne trop esclatante lumiere.

Ceux qui ont les yeux de l'esprit foibles iusques à ce poinct-là, me sçauront bien du mauuais gré sans doute, de ce que dans la grande estenduë que ie donnois tantost à la Folie, ie n'ay pas assez respecté la Sagesse qu'ils croyent posseder. Mais ils serõt bien iniustes s'ils s'en prennent plustost à moy, qui n'ay parlé qu'en riant & sans rien determiner, qu'à tant d'autres qui ont dressé auec grand soin des paranymphes à cette mesme Folie. Varron le plus serieux & le plus sçauant Escriuain de tous les Latins, fit vne Satyre qui portoit le tiltre des Eumenides, où son principal dessein estoit de prouuer que tous les hommes n'estoient que des Foux, *Omnes insanire*. Et le dernier siecle permit à Erasme de publier son Eloge de la Folie, qu'il ose placer iusques dans le Ciel par le moyen des Ecstatiques, sous ce pretexte que l'Ecstasie n'est rien qu'vn transport ou vne alienation d'esprit.

Ie serois bien fasché d'auoir pris autant de liberté, & ce m'est assez dans vne recreation innocéte de faire voir comme les plus sages des hommes ont reconnu, qu'il n'y en a point au Monde qui n'ayent tousiours, comme on dit, quelque grain de Folie, où ie ne sçay quoy de discordant à l'égard des autres.

Certes i'ay tousiours admiré sur ce propos la prudence & le grand sens de ces anciens Romains, quand ils don-

Macrob. l. 1 Saturn. c. 11.

nerent le nom de *Fatua* à la Deeſſe qui preſidoit au premier langage des Enfans. Leur but eſtoit ſans doute de nous faire ſçauoir qu'en apprenant à parler, nous apprenons à dire des ſottiſes qui nous ſont ſi naturelles, que nous ne prononçons gueres autre choſe le reſte de nos iours; la pluſpart de nos meilleurs diſcours, & de nos plus fins raiſonnemens, n'eſtant ſouuent à le bien prendre que de pures folies.

Ie prie auſſi ceux qui

m'imputeront d'aimer trop la Fable dans des matieres importantes, comme sont celles de la Philosophie; de se souuenir que le Fils de Dieu mesme ne parloit gueres en ce môde sans parabole, & qu'il ne s'ētretenoit iamais auec ses Apostres sans mesler dans ses plus serieux discours quelque narration fabuleuse, *sine parabola non loquebatur eis.* Car pour le surplus on peut dire de la Sceptique comme quelques-vns ont fait de la Saincte

Escriture, qu'elle est vn glaiue à deux trenchans. Elle n'auance gueres de proposition, sans nous exposer auec beaucoup de probabilité celle qui luy est contraire. Pourquoy luy imputeriez-vous donc iniustement de vous vouloir faire prendre l'vne plustost que l'autre, & d'estre plus pour l'oüy, que pour le non, puis qu'elle se tient dans l'indifference aux choses qui la souffrent, & qu'elle s'accommode à tout le reste auec le respect qui est deu aux Autels, aux loix, & aux coustumes. Le Sceptique n'estant pas ennemy de la raillerie, ny fasché qu'on luy reproche son asnerie, souffrira bien que ie le compare icy à l'Asne de Buridan, dont parle vn de nos prouerbes, lequel mis entre deux bottes de foin, ne sçauoit sur laquelle se ruer. Car il luy en arriue de mesme dans l'égalité des raisõs qu'il voit & examine sans preuention, son esprit demeurant dans vn tel equilibre qu'il ne pãche pas plus d'vn costé que de l'autre. Et c'est ainsi qu'il s'acquiert par habitude cette *Aphasie*, & cette heureuse suspension, qui le porte au dernier poinct de la felicité. Enfin s'il n'est pas iuste de perdre beaucoup où l'on s'est porté sans intention de faire de grands profits, ie ne dois pas estre fort blasmé de ce que i'ay escrit sans aucune pretention de gloire, n'ayant eu autre but que ma propre satisfaction, & celle possible de deux ou trois personnes aussi bigearres que ie puis estre, mais qui ne se feront pas donné le loisir de rêver si profondemét que moy sur toutes ces bagatelles. I'ay voulu faire en cela mon proffit de ce que ie lisois il n'y a pas long-temps dans vn Autheur Persan, que celuy qui a acquis quelque sorte de cōnoissance sās qu'elle soit vtile à personne, ressemble à ceux qui prennent la peine de labourer leur champ sans y rien semer. Ce n'est pas merueille que

Gulistan.

sceptique. 215

des personnes qui combattent pour obtenir de grandes victoires, tombent quelquefois aussi dãs l'infortune des vaincus. Mais il ne semble pas raisonnable qu'vn Sceptique coure tant de hazard, puisque suiuant le conseil que donnoit Pythagore à son grand amy l'athlete Eurymene, s'il combat, c'est sans vouloir vaincre, tant pour ne se pas charger de l'enuie qui accompagne tousiours les victoires, que parce qu'il ne sçait pas bien lequel

Porphyr. de vita Pyth.

vaut le mieux dans cette sorte de combat d'estre vainqueur, ou vaincu, veu qu'entre autres choses tout le profit demeure au dernier.

Demus alienis oblectationibus veniam, vt noſtris impetremus.

Plinius Ep. 17. l 9.

FIN.

www.ingramcontent.com/pod-product-compliance
Lightning Source LLC
Chambersburg PA
CBHW071947160426
43198CB00011B/1585